AF417673

اسـم الكتـاب:	الأكل وسنينه
اسـم المـؤلف:	محمد عبدالله كامل
المراجعـة اللغـوية:	كيان محمد.
الاخـراج الفـني:	روان النمكي.
تصميـم الغـلاف:	شيماء منير.
رقـم الإيـداع:	2024/17577
الترقيـم الـدولي:	978-977-9600-03-1

الأكل وسنينه

محمد عبدالله كامل

الأكل وسنينه

إليكِ

يا من تعلمت على يديها

كيف أحيا

أعرض عليك نتاج تعليمك

عله يرضيك ويكون نسمة فرح لكِ

وأنتِ في جنتك العليا عند مليكٍ مقتدر

العيش

إحنا المصريين كلنا مش معظمنا، لأ، كلنا بنحب الأكل، كُل الأكل، غالي أو رخيص، بيتي ولا سوقي، حتى الفاكهة والخضار في الشارع بنحبها، أصلنا أصحاب مزاج، بنحب نأكلها في كل وقت وكل حين، وزي ما كنا بنقول، إننا شعب متدين، حتى في الأكل، فمعظم مناسباتنا بيكون لها مرجع ديني، إحنا في بيتنا وكمان في مجتمعنا بنسميه موسم، ولازم يكون فيه توسعة على أهل البيت، والتوسعة زي ما سبق وأوردنا يعني طبيخ وزفر، يعني طيور كبيرة، أو على الأَقَل دجاج، وممكن لحمة كمان، ده في الحضر زي القاهرة كده، إنما في الأرياف بقا العائلات الكبيرة بتجيب مداح للنبي، أو قصاص للسير الشعبية زي: أبو زيد الهلالي سلامة، أو شيوخ يشرحوا لنا ذكرى المناسبة دي، وهذا الأمر موجود في مصر حتى يومنا هذا، وطبعًا بيكون فيه غداء، وغالبًا ما يكون فيه دبايح ولحمة وفتة، وبعدها حلويات زي: المهلبية والبالوظة والملبس والأرواح مع الفول السوداني المحمص بقشره، وبتبقى سهرة صباحي، تتجمع فيها البلد كلها، كانت الإحتفالات دي بتكون في عاشوراء زي ما قلنا وكمان في ذكرى المولد النبوي، وليلة الإسراء والمعراج، وليلة النصف من شعبان، وجميع أيام شهر رمضان المبارك، وطبعًا في الأعياد، يعني عيد الفطر، وعيد الأضحى، وكمان عيد الميلاد المجيد، وعيد القيامة، ومينفعش نقول احتفالات وطقوس ومنجيبش سيرة شم النسيم اللي البلد كلها بتكون ماليه الجناين في الحضر والغيطان في الريف، وطبعًا جميع هذه المناسبات لازم أو لازمن يكون فيها زفر، وده الأساس إلا شم النسيم، حيث الفسيخ والسردين و- الرنجة - اللي طلعت حديثًا بعد إختفاء السمك البكلاه، وسمك البكلاه كنا بنستورده زمان أيام العز، لما كانت مصر كلها خير، كان بيجي مجفف وتلاقيه معروض عند البقالات الكبيرة، مربوط في حبل زي اللانشون والبسطرمة كده، كنا بنجيبه ويتنقع في الميه من بالليل لغاية ظهر ثاني يوم، ويتبل ويتقلى بالدقيق، كان ليه طعم مميز ومحبب، وكمان له محبين ومريدين، وكنا بنفضل نشتريه من البقالين اليونانين، أو الجريج اللي كانوا مهرة في إعداد اللحوم المجففة، بسطرمة، لانشون، سجق جريجي، أو سجق إسكندراني زي ما بيسموه دلوقتي، لكن شتان الفرق بين حاجة زمان وحاجات دلوقتي، كانت شريحة الانشون والمرتديلا ريحيتها تجيبك على ملا وشك وإنتَ معدي قدام المحل؛ تقوم داخل واحد اتنين ساندوتش لانشون ومورتديلا وجبنة رومى وجبنه إسطمبولى، ويحطلك جنبها حبيتين زيتون يوناني مفتخر، وحتتين مخلل بلدي، مع قرن فلفل

من اللي مات جدوده، كناية على إنه حراق جدًا، وأذكر منهم "ويلسون" على ناصية شارع قدري في ميدان السيدة زينب و"أرتين " على ناصية الموسكي، وكان أهمهم واحد في شارع كلوت بك، وده على ما أتذكر كان عمهم، لكن للأسف نسيت اسمه.

كنا بناكل أيامها صح، طعام سليم مش مغشوش، لحمة فرز أول، توابل متنقية بالحباية، وتتبيلة زي الخبراء ما بيقولوا وسيبكم من الكتب، وكمان تهيئة ظروف الطبخ، يعني في الهواء تبقى منشورة وفوقيها لفات شاش؛ علشان الأتربة، وكمان المكان أو المصنع كله قيشاني أبيض بيبرق، وبيتلمع كل ساعة، والأرض جافة تمامًا، وبتتغسل وتتنشف على طول.

والخواجة، ياعيني على الخواجة ولسانه ونظافته، البالطو الأبيض لو في المعرض، والبالطو الرمادي بيلمع لو في المصنع، وغطاء الرأس موجود، وفوطة تتنشف فيه الإيد قبل ما يمسك الحاجة؛ علشان يقطعلك منها، واللفة من ورق الزبدة اللي تمسكه تطبع على إيدك، كل ده؛ علشان تاكل من عندهم أكل مظبوط، أما العيش الفينو، فده حكاية لوحده، رغيف واحد تقيل يجي نص كيلو، ده الرغيف الفاضي، وده نوعين بسمسم، أو سادة، ولكل منهم استخدامه، والسمسم نظيف ومتنقي وغارز جوه لحم الرغيف، تقربه من أنفك تنتعش من ريحته، وتحب تأكله حاف كده من طعامته، وكانوا بيعجنوه باللبن، زي الفرنساوين كده، وتحط حته الغموس جواه وتعيش بقى يا سيدي على الجمال.

تصدقوا جعت وريحته في نخاشيشي دلوقتي.

أما الرغيف البلدي في الحضر زي القاهرة زمان، فده كان عيب على العائلات الكبيرة تشتريه من الفرن، بالظبط زي الأرياف اللي كانوا كلهم بيخبزوا عيشهم، ولما كان واحد يشتري من الطابونة، كان بيخبي أرغفة العيش البلدي جوه هدومه؛ أصلها فضيحة لو الناس عرفت إن بيت فلان بيجيب عيش من الطابونة، والبيوت اللي ما بتخبزش في الحضر، كان الفرن بيوزع عليهم العيش في بيوتهم زي اللبان ما كان بيوزع اللبن الصبح والزبادي بالليل.

وعندنا في السيدة ستي وأمي ـ الله يرحمهم ـ كانوا بيجيبوا الدقيق نوعين، أبيض، أو زيرو: يعني من غير ردة، وبلدي يعني مخلوط بالردة، وكانت ستي بتخلط الثلاث أرباع زيرو على ربع بلدي، وتنخلهم نخلتين ثلاثة، وتعجنهم، وتحط الخميرة، وتسيبهم؛ علشان يخمروا ساعتين، بعدها تبعتنا الفرن نجيب ألواح العجين أو الطاولات، وكانت بتعمل عشر طاولات كل مرة خبيز، وتقرص وتفرد وتحط في الطاولة بعد ما ترشها بالردة، وتغطيها ببطانيات كام ساعة، بعدها يجي عم سعد الفران يشيل العيش عجين، ويرجعه مستوى، ستة طولات مفقع، وأربعة طرى، وبرضه ستي وأمي ـ الله يرحمهم ـ كانوا بيعملوا الحنون بتاعنا لينا ولعيال البيت كله.

العيش البلدي زمان كان الرغيف بتعريفه، نصف قرش يعني، والجنيه فيه 200 تعريفه.

ويرجع العيش قد كده بمد الدراعين، على رأي أحمد بدير، كانوا رغيفين بيكفوا عِيلة من 6 أفراد، ناكل الطري في الأول، ونفرش الناشف فوق الدولاب، ونفرش فوقيه ملايه، ونقعد نسحب منه، ونبله ويتلف في الفوطة، وبعد كام دقيقة تاكل أحلى عيش، ومع آخر رغيفين يتبلوا ننزل نشتري الدقيق؛ علشان الخُبزَة الجديدة.

هااه، كانت أيام، كان كلها خير وصحة، وتعدي الأيام الكبار يروحوا ونفضل إحنا نشتري العيش برمله ومش عاجبهم، كمان بيتحكموا فينا، عندهم حق ما اللي كان بيعرف يخبز راح، والباقي مبيعرفش يعمل ساندوتش، أو بياكل اندومي.

حكاية جيلنا مع الأكل

على كده كنا كلنا متأسسين صح؛ لأن بيوتنا كانت واحدة وكمان ظروفنا برضه كانت متشابهه، كان لعبنا مع ولاد الجيران في الحارة، وعين الجميع علينا بتحرسنا، لكن الأمر ميخلاش، يعني لو حضرتك طلعت لقيت أي عربية شايلة أكل (خص، خيار، جزر ولا قصب وبطاطا حتى سرت الشمام اللي هو كوز العسل وهو لسه أخضر) أي عربية تدخل الحارة ـ زمان طبعًا ـ صعب إنها تخرج منها إلا لما تشطب.

مثلًا عربية الخس تبقى داخله والراجل بينادي الخس يا بلدي، الصغيرة بقرش والكبيرة بقرشين، وتتدخل محترفات الفصال في الحارة؛ لتؤكد له أن السعر ده غالي ومفيش حد حيعبره ويشتري منه خساية، ويوافق البائع، الكبيرة بقرش الصغيرة بتعريفه، ساعتها بس كل الشباب في الشارع يعملوا هجوم على العربية، والستات في البلكونات تنادي على العيال، أو على أم فلان، تنقي ليها كام واحدة قلبها مليان، ساعة زمن والراجل يمشي مجبور، وأرضية الحارة كلها ورق خس، ومن كتره بقى لونها أخضر، يقوم بعدها أصحاب الدكاكين والأولاد؛ لكنس الورق، وتجميعه للطيور أو الغنم ـ راعى الغنم ـ زمان طبعًا قبل ما يبقى أكلهم الطبيعي الزبالة، أصل الخير في مصر واسع طول عمره، ناكل إحنا وطيورنا، والباقي للغنم، ولا مؤاخذة للحمير والبغال اللي بيجروا العربيات الكارو، المهم كذلك بياع القصب، والجزر الأحمر بالذات، أو الأصفر، أما بقا يوم الخميس تلاقي بتاع الكرنب واقف والستات كلها بتشتري؛ علشان المحشي، بس بعد ساعة على الأكثر تلاقي العيال الصغيرين نازلين الشارع وفي إيديهم قلب الكرنبة، كنا بنسميها الوزة؛ علشان كده كان مش ممكن يقرب مننا البرد، كنا بناخد علاجنا من أكلنا، ولما كبرنا وخرجنا من الحارة عرفت أرجلنا سكة عربيات الطعام، لكن من غير ما نفرط في سلوكنا الغذائي، يعني أي حاجة طازة شغالين فيها، أكل فول حراتي، ولا تين شوفي، ولا حرنكش وتوت، كله شغال على سبيل التسلية والنقنقه، وبالنسبة لينا في حي السيدة كانت عربيات الفول كتيرة ومنتشرة في كل مكان، لكن واحد بس هو اللي كان صيته عالي وأشهرها، كان اسمه الجحش، كان لسه بيبتدي وقلنا مفيش مانع نبتدي معاه، كان بيبدأ الشغل قبل المغرب، وكان معاه عربيته الشهيرة، بتقف أمام مدرسة محمد علي في الميدان (ميدان السيدة زينب)، بعد القسم بكام خطوة، عند سور مدرسة الصنايع بتاعة البنات، في أول شارع مراسينا كده، بس كان شاطر وذكي، اسمه الحقيقي "نجاح"، لكن لازم علشان يرد عليك لازم تنادي

له باسم الشهرة "الجحش"، كانت كل عربيات الفول في مصر الطلب فيها بقرشين صاغ، وكان الطبق صغير ولايزال حتى اليوم الطبق صغير مفيهوش لحستين فول، وكان بيتقدم معاه عيش وسلطة خضراء، وبتنجان مخلل، وبصل وجرجير مع كوز ماء تملاه من بستله معاه، لكن الجحش كان مختلف، الفول بتاعه مظبط، يعني صحن كبير، يشبع راجل ويتبقى منه كمان، وصحن تاني مليان سلطة خضراء محبشه ومشطشطة، أما المخلل والبصل الأخضر فكان مجاني، لكن المهم إنه كان بيخبز العيش بتاعه مخصوص، رغيف كبير كده زي العيش بتاع جدتي اللي كانت بتعمله لينا في البيت كل أسبوعين تخبز مرة، عيش كده مفقع، أنا فاكر إن أول طبق اشتريته كان ثمنه "ستة قروش " يعني شلن وقرش صاغ، يعني ثمنه ثلاثة أضعاف أي طبق على أي عربية تانية، لكنه كان طبق مختلف عن كل العربيات التانية في مصر، ألومنيوم وصغير كده، يعني طبق كبير ورغيف يتاكل حاف، كان الستة قروش بالنسبة لينا مبلغ كبير، وكنت أحوش من مصروفي وأرجع من النادى عليه على طول، فعرفنا من ميعادنا الثابت وشنطة التمرين ووشوشنا الحمراء.

أنا كان المصروف قرشين الصبح وزيهم بالليل؛ علشان النادى، وبصراحة كان بيتوصى بينا، لكن الحساب حساب، مكانش بيتنازل عن مليم، وكانت الدنيا ماشية، لكن وقت الزنقة كانت بتعوضنا، عربية الجارية بتاع الفول وده كان بيقف فى أول شارع قدري، أمام سينما الهلال الصيف، وده كانت الوجبة عنده بقرشين بس، لكن شتان بين الكميات؛ علشان كده معظمنا كان جسمه مليان شويه، أو تخين؛ لأننا كنا بنكبر اللقمة ونقلل الغموس اللي أصلًا قليل.

وشويه بشويه كبرنا ومصروفنا كبر معانا، ودخلنا الاعدادي، وبدأ مطعم الكرابيجي في الظهور، ريحة الطعمية مفحفحة بالكسبرة والشمر والسمسم وماليه الشارع وزهقنا من الفول، وكان الساندوتش البلدي الكبير أو الشامي الكبير برضه بثلاثة تعريفات (15 مليم يعني)، بقينا الصبح نشتري ساندوتشات من الكرابيجي وده كان أهم مطاعم الميدان، وبعد النادي والتدريب بدأنا ندخل محلات الكشري والفطير، لكن للحقيقة الكشري في الميدان كان مش ولابد، وأحسن محل كشري كان دكان صغير، وأخد ناصية سوق الناصرية مع شارع مجلس الشعب؛ فكان المشوار بيخلينا نكسل، وطبعًا حبيبنا الجحش هو صاحب السهرة؛ لأنه كان بيسهر للفجر، لكن ظهر منافس خطير للجحش، كان بحه، في الناصرية، ملك السمين، وفواكه اللحوم، والطلب عنده بشلن (خمسة قروب) والشقه بقرشين، وكان بحه فر طريق المدارس سواء إعدادي أو ثانوي، وريحته بتزغزغ بطوننا، فبدأنا التحويل عليه وخصوصًا وإحنا راجعين من المدرسة، وقت الظهيرة وجعانين، وحنروح لسه حتدور على حاجة تأكلها لغاية ما الغداء يخلص ـ أصل وقتها مكانتش الثلاجات انتشرت ـ فكان بحة أو محل الكشري هو البديل، وكبرنا شويتين ودخلنا الجامعة، والفلوس بدأت تظهر بصورة أكبر، والقروش بقت جنيهات، وكان الشباب

بيسهر يذاكر، أو يعمل نفسه بيذاكر مش مهم، المهم إننا نتجمع على الساعة اثنين الصبح، إما عند الجحش بعد ما نقل في محل كبير جوه شارع مراسينا اللي الطلب عنده بقا بربع جنيه، أو عند محمد الرفاعي، أشهر حد بيبيع الكباب في مصر، برضه كان لسه حاله على القد، كان فاتح نصبة وشوايه على ناصية الحارة المبلطة عند السبيل، وكله بيشتري الكفته بالرغيف، والقليل مننا كان بيجيب كباب، كل واحد على قده، والرغيف كان بعشرة قروش، مليان بأربعة صوابع من الكفته، مكانش عنده مكان نقعد ناكل فيه، فناخد الطلب ملفوف بورقة جرنال، أو زي عادل إمام ما بيقول تاخد الأكل في حجرك وتمشي، فعلًا ده اللي كان بيحصل.

في الوقت ده كنا في أوائل الثمانينيات، والدنيا كانت لسه رايقة، ومفيش انفتاح، ولا شيبسي، ولا سفن وميرندا وتيم، كان فيه بيبسي صغير، و كوكاكولا برضه صغير، أو اسباتس وسيدر بطعم التفاح، وكان كله صغير (180ملي) بثلاثة تعريفه يعني قرش ونصف القرش، الإسباتس والسيدر كانت أكبر شويه، وكانت سعرها خمسة أبيض يعني قرشين ونصف، أما نكهة البرتقال فكان أسترا، وكان صغير برضه، وفي الفترة دي بدأت موضة الإنفتاح، وظهرت عربيات الكبدة، وكانت بداية عصر اللحوم المستوردة، وشوية بشوية بدأت عربيات الكبده تنتشر، كان أيامها الرغيف الفينو كبير يملا العين، ويشبع بجد؛ لدرجة إن بياعين الكبدة كانوا بيقطعوا ثلث الرغيف من النص علشان يجازي معاهم، وبدأ مشوار الكبدة الرغيف ب (3 قروش)، وبعد شوية بقى ب(4.5 قرش)، وفضل على كده سنتين وبقى ب(6 قروش) كنا بقا دخلنا الجامعة واتعرفنا على صبري راعى لحم أكتافنا في المرحلة الجامعية، وأول من أدخل الكبدة الاسكندراني جامعة القاهرة مع السدق أو السجق بالمصرى.

وبعدها ظهر ومبي، وأخد له يومين بأسعاره الخيالية ـ بالنسبه لينا طبعًا ـ لغاية نهاية الثمانينات وظهر كنتاكي، وده نقل أسعار الدنيا لمرحلة ثانية، يعني ساندوتش الهامبورجر (بستة جنيهات ونصف) وطبعًا حتتين دجاج، معاه حبة بطاطس محمرة، مش ممكن تشبع عيل صغير، يعني حضرتك لو جعان حتطلب أربع ساندوتشات؛ علشان تقنع نفسك إنك شبعت، أوتطلب طلبات بخمسين جنيه دجاج مقرمش، وإحنا متعودين على أكل صبري وأسعاره اللي كانت تأكلك عشرة ساندوتشات مشكل بالحلو والساقع بعشرة جنيه ويفيض منها، أصل الرغيف عنده كان ب (6 قروش)، وبدأنا نبحث عن بديل محترم، أصلنا متعودين على الأكل الصح، فطلع كساب، أول كافيتيريا في السيدة بتعمل ساندوتشات هامبرجر وسوسيس وشاورما مصرية أصيلة تضرب السورية بال... ومعاه كبده ومخ بانيه والصبح كان عنده عدس شوربه، أو فته، أو الاثنين، كل الأصناف دي كان ثمن الساندوتش مش أكتر من (12قرش) وحاجة محترمة وشغال (24ساعة).

بعدها بدأنا نستوعب إن الكبده ممكن يكون ليها محلات، وجه فتحي وفتح أول محل ليه، كان الكيلو كبده البانيه بستة جنيه، كنا ناخد (⅛) كبده ومخ وسلاطة بلدي وسلطة كبده، وكمان بتنجان مخلل، وطرشي بلدي، كل ده بجنيه، وبعدها بجنيه وربع، ثم ونص، ثم كبرنا وبقينا نشتري بالكيلو، وزي ما حضرتك شايف كده كانت حياتنا مرتبطة بالأكل، وده اللي كان متاح لينا كشباب في الشارع المصري، أيامها كان الربع جنيه تقدر تخرج وتتعشى وتقعد على القهوة، وكمان ممكن تدخل سينما، وتخرج منها جعان تاكل تاني، ويتبقى معاك فلوس من الربع جنيه، وبعدها بقى الجنيه ثروة ممكن تفطر عيلة، وتشتري مع الفطار خضار الغداء والفاكهة كمان، أما بقى بالنسبة لأكل البيوت فده حكاية ثانية، كان التاكسي للجامعة بربع جنيه، والدنيا رايقه بجد.

رحلة مع الرغيف البتاو

وزي ما كنت بقولك، كان الجنيه ممكن يفطر عيلة، ويجيب فطار الأسرة مع خضار الغداء والفاكهة كمان، لكن الأكل في بيوت المصريين ده حكاية لوحده، يعني مثلًا في كل أحداثنا ومناسباتنا العائلية بيكون للأكل المكانة الكبيرة وأحيانًا بتكون المكانة المقدسة فيها، يعني مثلًا عندك على سبيل المثال لا الحصر، نبدأ بيوم عاشوراء، وده يوم الإحتفال بيوم عاشوراء جاء فيه حديث شريف أن الرسول ـ صلى الله عليه وسلم ـ لما قدم إلى المدينة وجد اليهود يحتفلون بالصيام فيه، فسألهم عن سبب الاحتفال، فأخبروه إن ذلك اليوم الذي نجى الله فيه سيدنا موسى وقومه من فرعون وجنوده، وأغرقهم في البحر، فقال ـ صلى الله عليه وسلم ـ أنا أولى بموسى منكم، وصام يوم عاشوراء، وقال: لئن عشت إلى قابل لأصومن التاسع والعاشر.

وفي اليوم ده المصريين بيوسعوا على نفسهم وأبنائهم؛ لزيادة البركة في البيت، بأكل اللحوم والدفع: أي البط والأوز والدجاج، وكما تعرف يا صديقي فإننا كمصريين كنا دائمًا محتلين، إن لم يكن من الأجانب فمن المصريين الأثرياء، ما علينا، وكان معظمنا فلاحين، أو عمال، وبعض التجار، والقليل من الموظفين، وجميعنا من طائفة محدودي الدخل ـ زمان ـ أو معدومي الدخل حاليًا؛ لذلك كان طعامنا دائمًا يعتمد على الخبز، وبجانبه بعض الأصناف من الطعام الصالح للتخزين الذي يبدع فيه المصريين، والمصريين خاصةً؛ لذلك فالتوسعة في المناسبات الدينية تسعد الجميع، وحتى يومنا هذا لا تجد بيتًا من بيوت الفلاحين لا يخزن الجبن والزبد، أو السمن البلدي، والبلح، أو العجوة في البلدان التي تحترف زراعة النخيل، حتى إن معظم بلدان الصعيد حين يقدمون على تزويج ابن أو ابنه، يوضع ضمن الجهاز خزين البيت الذي يضم بلاص الجبن القديم السابح في المش، وآخر به العسل الأسود، وثالث به السمن البلدي، ورابع به اللحم القديم أو المقدد: وهو اللحم مقطع قطع متوسطة يوضع ناضجًا داخل بلاص مخصص، ويصب فوقه دهن الخروف مع الليه من ذبيحة العرس، ويترك ليبرد، ثم يغلق بإحكام؛ ليعين الأسرة على تأمين الطعام اللي يرم عظام العرسان، وبخاصة بعد أن تمر الشهور الأولى وتحبل العروس وتحتاج هي وزوجها إلى طعام دسم يمرى عليهم كما يقولون، أما في أيام الزواج الأولى؛ فإن الأم وغالبًا ما تكون أم الزوج، كانت تنتقي بضعة كيلوات من العجوة الممتازة وقد توصي عليها قبل نضوجها؛ علشان العرسان عقبال أولادك، وغالبًا ما يرفض

صاحب العجوة أن يبيعها بثمن، قائلًا: دي نقوط العريس، أو العروس، هكذا التعامل بين الكرام من الفقراء، وتقوم الأم بتخلية العجوة من النوى وتحشيه بالنقل، أو الفول السوداني، ثم ترصه طبقات متراصة، وتصب فوقها طبقات من العسل الأسود للعامة والأبيض للخاصة، حتى يمتلأ البلاص وبعدها يدس في مكان بعيدًا عن غرفة الخزين التي يقصدها الجميع، فتدسها الأم في المقعد الكبير الذي لا يجرؤ أحدًا على دخوله؛ لتقدمه الأم في الصباحية دليلًا على حسن إعتنائهم بالعريس.

هذا حال الفلاحين، ولكن الأهم في قرى الصعيد هو عمود العيش، أو البتاو، المصنوع من دقيق الذرة مع القليل من دقيق القمح، وفيه تقوم الجدة أو الأم الكبيرة بشراء كيزان الذرة البيضاء المعروفة بالذرة الشامية، وتبدرها بغلافها فوق الأسطح لشهر أو أكثر؛ حتى تجف تمامًا، ثم تفرش مفرش، أو ملاية كبيرة في وسط الغرفة أو القاعة الكبيرة، وتغلق الأبواب وتتجمع الأسرة جميعها شباب وشيوخ، رجال ونساء؛ لتفريط الذرة: أي تفريط حبوب الذرة، ونزع القوالح، والأوراق المغلفة للكوز، ويتم تعبئة القوالح في مقاطف؛ لإستخدامها في وقيد الأفران فيما بعد، فكيزان الذرة لا تخرج الدخان الأسود كما تفعل أخشاب الشجر، كما أنه لا رائحة له، وتجد هنا فطنة الفلاح المصري؛ حيث يحافظ على نقاء الخامات منذ بداية التعامل معها، وحتى خروج رغيف الخبز صحي ونقي تمامًا، وبعد الإنتهاء من عملية التفريط؛ تجمع النساء حبات الذرة وتضعها في مقاطف جديدة تمامًا، وتبدأ عملية الغسيل بالمياه عدة مرات؛ حتى تطمئن إلى نقاءها التام، تفرش حبيبات الذرة في الهواء داخل الغرفة مع التقليب؛ حتى تتأكد الأم من تمام التجفيف، فتوضع داخل مقاطفها في غرف جيدة التهوية، وتحسب الأم كمية القمح المطلوب إضافته للذرة، وهو الكمية المطلوبة لخلطه بدقيق الذرة، وغالبًا ما تشتريه الأم جافًا من الأسواق، وغالبًا ما تسدد ثمنه جبن، أو زبد، أو من الطيور التي تربيها هي في بيتها؛ لكي لا تثقل على رجل الدار، وكفاية عليه ثمن الشامي، وتكرر الأم عملية الغسيل والتجفيف، حتى تطمئن على صلاحية الحبوب للطحن، ويأتي يوم الطحين، وتخرج نساء المنزل حاملات مقاطف الغلة والشامي إلى الطاحونة، وفي هذا اليوم تبرز المرأة الريفية من النباهة والفطنة ما تجهله أنتَ عند رؤيتك لها، فالأولى تجلس فوق الطاحونة مع الطحان، تستمهله في الدفع بدفعات قليلة؛ حتى تتمكن الطاحونة من طحن الحبة كاملة ولا تهدر الغلة والشاميات كما يقولون، والأخرى تدفع لها بالمقاطف المراد طحنها بعد تمييزها جيدًا، والثالثة تقف بعيدًا للمراقبة وباقي النساء للمناولة، وتستمر عملية الطحين بضع ساعات حسب كمية الغلة، يعود بعدها الركب محملًا بمقاطف الدقيق ساخنة، فتفرد في القاعة جيدة التهوية، ويمر قرابة الأسبوع تجهز فيه النساء غرفة الخبيز، أو الفرن، ولم يكن هذا الفرن موجود في كل البيوت،

إنه رفاهية لا يستطيع الجميع أن ينالها، بل إن بعض الأسر كانت تؤجر غرف الخبيز بالمال أو بجزء من الخبز المخبوز بها، ولكنني أتكلم عن بيت عائلتي المحترمة.

ويأتي يوم الخبيز، وتكون القائدة هنا هي زوجة الابن الأكبر، أما الجدة، فهي تُراقب من بعيد ولا تفوتها فائته، ويبدأ الخبيز غالبًا من قبل صلاة الفجر بتحمية الفرن، وتبدأ الفرانة: وهي مسؤولة النار في تغذية بيت النار بالعفش والحطب، ثم تدفع بقوالح الذرة حتى تستقيم النار ويخلو الفرن من الأتربة الدقيقة والهباب، بعدها تدفع مسؤولة الخبيز بخرقة مبللة تنظف بها أرضية الفرن وتضع الأم دماسة الفول لينضج في مكان معد لها داخل بناية الفرن، وتبدأ عملية الخبيز من اللت والعجن والتقريص والفرد، ثم الدفع به داخل الفرن؛ ليخرج بعد دقائق قليلة رغيفًا أبيض اللون، مفرود به بعض العلامات الحمراء، ويوضع في مقطف مجهز ببطانة من قماش الدمور لتغطيته، وتستمر النساء في عملهن حتى نضوج الفول، فتفرغه الفرانة وتضع قالبًا من الزبد الجاموسي الفاخر، والعشرات من البيض البلدي المغسول بعناية، ويترك الخليط لينضج داخل الفرن، وتنهض النساء؛ للإفطار، وشرب الشاي، وبعدها تستأنف عملية الخبيز.

وبعد صلاة الظهر يرسل الوالد باللحم بكميات كبيرة، وتعد الأم صواني البطاطس ومعها كتل اللحم، أو الهبر الكبيرة داخلها تخصص واحدة منها لطعام الرجال والأخرى لجميع النساء مع برام الأرز المعمر، المسقي بالحليب الخام ، أما الأطفال، فتعد لهم الأم أرغفة الخبز بالزبد والسكر ونعرفه اليوم بالحنون، تعد منها العشرات لجميع أطفال الشارع، فرائحة الخبيز قد انتشرت في أنحاء الشارع، ولا تنتهى تلك الليلة قبل العاشرة مساءً، حيث ترفع الأم مقاطف، أو أعمدة البتاو الرقيقة والتي يمتد ارتفاعها للمترين، ويترك في مكان تخزينه؛ حتى يجف ويؤمن للدار طعامه لعام كامل.

وإذا أردت حساب تكلفة الرغيف البتاو المضاف إليه القليل من الحلبة المطحونة كمادة للحفظ تجد أن سعره اليوم يجاوز الجنيهات العديدة، وهذا مثال حي؛ لترى كيف كان أجدادنا الفقراء أغنياء؟ بعقولهم وحسن إدارتهم لشؤون حياتهم، فلم يهدر شيء من مكونات الرغيف منذ كان كوز ذرة حتى صار رغيفًا تقتات منه عامًا كاملًا.

حارتنا

لكننا في بيوتنا كان الحال متشابه عند الجميع، فمثلًا قبل الثلاجات كانت القلل القناوى مالية الشبابيك والتراسينات، وكمان الشوارع كان فيه أذكار، جمع زير، يعني كل كام متر تلاقي زيرين ثلاثة مع كوز ألومنيوم أو صاج ، أو حتى علبة سردين مغسولة، حسب الحي ومستواه الإجتماعى والمالي، والغريب إنك كنت لما تمشي في حارة أو شارع في منطقة شعبية كنت تلاقي صواني القلل في البلكونات متغطية بشاشة وجنبها عودين نعناع، معطرين الميه، ممكن تمد يدك لو عطشان، وتشرب وتسمع اللي يقولك من جوه بالهنا والشفا، عادي، أو تلاقي زير تمد إيدك تملى كوباية وتشرب، وبعدها تملاه إنتَ للي ييجى بعدك عطشان، كنا بنحب نوزع الثواب على بعض، كان طبيعي تلاقي أمك تناديك وتعطيك قرشين وتقول إشترى ملبس وأرواح ليك ولأصحابك، أو وأنت بتشتري ساندوتش طعمية تلاقي الراجل بيناولك طعمياية سخنه تاكلها عقبال ما يحبشلك الساندوتش.

كانت النفوس كويسة، والقلوب طيبة، والشارع كله تحس إنه عيلة واحدة، المهم الأكل في بيوتنا كان متشابه، والجيران في الغالب بيطبخوا زي بعض، يعني في الصيف مثلًا موسم البامية والبتنجان والكوسة والفاصوليا، وطبعًا معاهم صينية البطاطس سيدة الموائد، تدخل الحارة تشم ريحة المحشي مفحفحة، وطبعًا ما أذكى رائحة الفلفل المحشي بجوار الباذنجان والكوسة، تلاقي نفسك مش ملاحق تميز الريحة دي جايه منين؟ لأ، والجميل إن كل الجيران بتعزم على بعض، فتلاقي على السفرة ثلاثة أطباق محشي مختلفي المذاق وإن إتحدت المكونات، فأنت في منزلنا تعرف تفرق بين محشي أم ناهد، ومحشى أبلة سعاد، ومحشى أم فيفي، فلكلّ منهم نكهة مميزة وإن كانت جميعها محببه، وإذا جاء يوم الجمعة سادت رائحة البامية عموم المنزل، ولكن كانت هناك أطباق مميزة عند كل منهن، فأمي الست أم ناهد كانت بارعة في عمل الكشك الصعيدي على شوربة البط البلدي البيتي إلى جانب المحشي، ولا البامية، ولا ـ فالشاطر شاطر في كل حاجة حتى في تحبيشة الفول ـ وكانت تعده من مكونه الأساسي وهو الكشك الذي يأتينا من الصعيد، أما أبلة سعاد، فصينية المكرونة الباشميل مميزة عليها ولا سيما أنها كريمة في الحشوة ،لكن الست أم فيفي جارتنا، فكانت مبدعة في عمل

المسقعة الكذابة؛ أي بدون لحم مفروم، ومفعمة بالفلفل الحار، وغالبًا ما كانت بيوتنا موحدة في طهي الأصناف التي لا تشترك فيها اللحوم، فبصارة أمي لا يُعلى عليها وكذلك الكشري وشوربة وفتة العدس.

وكان من الطبيعي يوم الجمعة، أو أيام الأجازات أن ينزل الولد الكبير صباحًا ليشتري مستلزمات الإفطار، فهناك الفول المدمس تصنعه أمي، ولكن باقي المشتملات من طعمية وباذنجان مقلي مع الفلفل، وكذلك البطاطس المحمرة صديقة الملايين، وحبيبتهم، ورفيقة غذائهم عندما تصعب علينا الدنيا من نفائس الطعام، فتأتى طاسة الزيت تستدعى أصابع البطاطس؛ لتطبطب على قلوبنا قبل بطوننا، وكمان وقت العشاء عندما تنام الأم راعية المطبخ الرئيسية، ثم البصل الأخضر المخصخص الندي، بعروق متماسكة يناديك؛ لكي تكمل به قائمة الإفطار، ولا تأكل الفول منفردًا، فتقترب منه لتشتريه وتشتري معه حزم الجرجير والفجل مع مكونات طبق السلاطة، من شبت وبقدونس وكسبرة خضراء وبعض أعواد الكرفس، ولا حتى لو حتاكل من عربية في الشارع رص الصينية فن.

قطعتين كبيرتين من جبن القريش الطازجة، ثم في النهاية كام كيلو طماطم، على كيلو خيار، على جزر أصفر، كل هذا يحمله الفتى اليافع ليعود محملًا كالقائد المنتصر، ويلقي به في أرضية الصالة وهو يهتف: جهزوا الفطار على ما أجيب العيش.

وتوضع الطبلية المستديرة، ويتحلق حولها الجميع، وأرغفة الخبز الطازجة تزغرد أمام آكليها، ورائحة الفول بالزيت والليمون للوالد، والبيض المسلوق للشباب، والسمن البلدى لبنات، ودور أقراص الطعمية الخضراء يتلألأ السمسم فوق وجنتيها تدعوك ألا تتهاون في اقتناص فرصة إلتهامها ساخنة، ولكن الأم الرؤوم تصر على دغدغة شعورنا بطبق من الباذنجان المقلي، المفرود في طبق نصف عميق، تتلألأ فوق جبينه قطع الخلطة الشهية من الطماطم والثوم والفلفل الحار، ليخرج من داخلنا زفرات مختلطة بآآااهات الألم واللذة، فقرون الفلفل الحار لا تدع فما إلا ألهبته، ولكنه العشق الممنوع، وفي النهاية تأتي البطاطس الشيبسي المحمرة لتدغدغ ألسنتنا الملتهبة مع لقيمات من جبن القريش بزيت الزيتون والطماطم والنعناع الناشف؛ ليطفئ لهيب ما سبقه من أطباق، ويأتي بعدها أكواب الشاي باللبن للصغار، والشاي السادة للكبار حتى إذا انتهينا من طعام الإفطار، يجلس الوالد يمسك جريدة الأهرام ويقدم له فنجان القهوة ليحبس بعد هذا الإفطار الملغم، بعد قراءة سورة الكهف؛ ليمتلأ البيت ببركتها، ثم يستعد بعدها للصلاة.

كان هذا حال غالبية منازلنا يوم الإجازة، أما الغداء فكان يتكون غالبًا من سمك البلطى، أو المرجان، أو الدنيس بجانب أسماك المكرونة الرفيعة عديمة الشوك إلا من عظمة ثلاثية في منتصفها - حاجة مبقتش موجودة دلوقتي ـ، لكنها كانت من أطعم المأكولات البحرية أيام

طفولتنا، وغالبًا ما كانت الأسر المصرية تطبخ اللحم مرة واحدة كل أسبوع، وكذلك الدجاج مرة أو مرتين على الأكثر؛ علشان الأمهات بتربيها في البيت، وثلاثة أيام بلا لحوم، ويومًا أخيرًا للأسماك.

كنا لا نحسب للدنيا حسابات اليوم، ولم يكن أحدنا يعرف كلمة أنا مش بحب ده، فلم يكن يلتفت إليه أحدًا، وسيمتنع حتى يجبره الجوع على ذلك الطعام، كانت نفوسنا راضية، ولم تكن هناك إعلانات الأطعمة المسمومة التي تزاحمنا اليوم في كل مكان.

كان للمال أهمية وقيمة حتى استبدلنا ساندوتش الفول والطعمية بالهامبرجر والبيتزا والكنتاكي، لقد اختل الأمر حتى أصبح طبق الكشري الذي كان السوبر منه بعشرة قروش، فأصبح بعشرات الجنيهات، ولا تسأل عن سبب غلاء السلع؟ ولكن سَلْ عن سبب ذهاب البركة والقناعة وإنعدام الرضا في القلوب، فاستحل بعضنا دماء بعض قبل أموالهم، تفشى الغش وإدخال سموم إبتدعها الغرب؛ ليتربحوا من ورائها الملايين ثمنًا لها تارة، وثمنًا للعلاجات الدوائية التي صنعت خصيصًا لمعالجة أمراضًا نشئت نتيجة لأطعمة مسممة هم أيضًا ابتدعوها لنا.

بيوت زمان

وزي ما أنتَ عارف، المصريين بطبعهم كرماء، وبيحبوا اللمه، زمان قبل هذا التحضر الزائف الذي نعيشه الآن، كان الناس الطيبين بيوتهم مفتوحة لبعض، كنت تدخل البيت، أي بيت تلاقي الأبواب مفتوحة، وحياتهم بسيطة، معظم الستات كانوا ستات بيوت، يخلصوا شغل البيت، ويخرجوا يقعدوا على بسطة السلم كل واحدة على كرسي الحمام الخشب؛ ينظفوا خضارهم، وساعات يطبخوه كمان، تطلع السلم ولا تنزل تلاقي وابور الجاز قايد وفوقه حلة ريحة الأكل طالعه منها ماليه البيت، وتقعد بعد الظهر تلاقي صحن من الأكل اللي شميته وإنت طالع على السلم محطوط أمامك على الطبلية ومراتك ولا أمك بتقولك أصل أم فلان جارتنا جابته، وده كان طبيعي في بيوتنا في أحيائنا الشعبية، وكان فيه حاجات بتتكرر كتير في حياتنا زي المحشي والكشري والكيكات والكنافه والجلاش والبسبوسة البيتي طبعًا في أعياد الميلاد قبل إختراع التورتات، ولحمة العيد، وكمان كحك العيد الصغير، لو حضرتك أخدت بالك حتلاقيها ليها شخصية مميزة، وكمان محتاجة يد خبيرة، ونفس طيب؛ علشان الأكل يطلع ليه شمخة، وهي كلمة بنقولها لأطعمة معينة كانت ولا زالت موجودة في أذهاننا حتى اليوم.

أما الوضع في الريف المصري، فيكون مختلفًا ، فكما كان الأمر قديمًا، كانت حياة الريف أكثر بساطة منها في الحضر، حتى طبيعة الطعام كانت مختلط، فالأب والعم والخال والجار وأبناءهم كانوا يشكلون مجتمعًا واحدًا متماسكًا، فطعام الإفطار دائمًا ما كان ثابت عند الجميع، فقطعة الجبن القريش، أو الجبن القديم الجافة مع بعض من خير الأرض وقت توافرها، أو تجد أبيك يذهب لمكان محدد تُلاحظ أنه يرتفع عن مستوى الأرض الطبيعي لينقب داخله؛ ليخرج لك فحل أو فحلين من البصل، ويصب وعاء من ماء المسقى وبعض الخضرة من أرضه ويكون هذا إفطارًا كافي؛ لملأ البطن العاملة من طلعة السمس – بلهجتهم - حتى غروبها، ويجلس الرجل ومن معه على رأس الغيط ولا يمر مار إلا ويعزم عليه بقوة ليجابر الزاد، وجميعهم على هذا الحال، وحين يعود الفلاح والسعية إلى الدار عند غروب الشمس، والسعية: هي البهائم التي تساعده في العمل أو السعي على رزقه، وتسعى في الأرض؛ لتأكل من خيرها من العشب الأخضر الطازج، وتشرب من نفس مسقى الماء الذي شرب منه صاحبها، فيأكل مع أسرته ما

قسم الله لهم من طعام، وبعدها كوبين من الشاي في خمسينة صغيرة لا يتعدى حجمها الخمسين ملي لتر، الأولى قليلة أو نادرة السكر، والثانية عالية السكر، يشربها وينهض لينفض عن جسده التعب؛ ليلحق بصلاة العشاء، يخلد بعدها للنوم حامدًا ربه على نعمته، لم يفكر يومًا أن يسهر؛ ليتفرج على برامج التلفزيون، فتلك الرفاهية لم تكن متوفرة لمن أراد أن يكفي بيته شر الحاجة والمسألة، كما أن جهاز التلفزيون يعمل بالكهرباء، ومعظم بيوتنا في الريف كانت لا يوجد بها كهرباء، لم أجد أحدًا منهم غير مبتسمًا، فهو راضٍ عن حياته، رأيت غير مرة عائلة كبيرة تجلس أمام بيتها، وتفرش مائدتها في الشارع، وطعام غدائها هو صينية كبيرة من السلطة الخضراء مع العيش، ويعزمون على الرايح والغادي بكل همة وإخلاص، كما رأيتهم وهم على نفس المائدة يوم السوق، ويأكلون الخضار واللحم، ويعزمون بنفس الهمة والإخلاص.

وعندي حكاية حكاها لي أحد الآباء الأعزاء ـ رحمه الله ـ، فقال: في رمضان كنا نتعمد فرش المائدة في الطريق؛ لننعم بثواب إفطار صائم، ومر اليوم الأول والمار يقرؤنهم السلام، وعلى ما نرد عليه يكون راح فرد السلام واجب، ولكن دعوة الإفطار تأتي متأخرة، فلا يسمعها الرجل، ويقول الأب: إتفقنا أننا ننقسم إلى فريقين، الأول يرد السلام، والثاني يقول اتفضل ويتمسك في العزومة عليه؛ حتى نفوز بهذا الثواب. وهكذا نجحت العائلة في الفوز بثواب إفطار الصائم، هكذا كان سلوكهم، وهذه كانت ضمائرهم، وصدق رغبتهم في نول الثواب وإكرام الضيف.

ولنرجع إلى بيتنا في حي السيدة زينب العامر، والعزومات عندنا في هذا الحي بين الأهل والأحباب، ليس بدافع، ولا أسباب إلا المودة وصلة الرحم، فتجد أن خالك يدعوك يومًا للغداء معه يوم الجمعة، وعلى فكرة كان الخال يسكن في الدور العلوي من بيتنا، وتجد على مائدة الخال جميع أفراد العائلة الكبيرة، جميع الإخوة والأخوات بأزواجهم وزوجاتهم وأبنائهم، ومن الممكن أن تجد بعض الجيران المقربين والملاصقين.

وبعدها بفترة يرد أحد الأخوال الدعوة، ثم الخالات، حياة كانت حافلة بالمحبة والمودة، لن تجد لها مثيلًا ولو اجتهدت في البحث في يومنا هذا، هذا عن الداعي والمدعويين، فماذا عن المائدة؟ ستجد هناك أصنافًا خالدة لا يمكن أن تتزحزح عن موقعها في مائدة الكرام، فصينية البطاطس باللحم وهو اللحم الملبس المثير في شكله ومذاقه للآكل، أو كام ذكر من البط السمين الدسم، أو الأثنين معًا، ولكن إذا التقيا اللحم مع الزفر، فمكان اللحم الخالد داخل حلة البامية العتيدة العملاقة التي تغزو برائحتها أنوف الآكلين ولا تعطيهم الفرصة للتفكير في صنف آخر سواها، خاصةً إذا اكتملت الخدعة بطشة الملوخية الخضراء الزاكية الرائحة، تلك الرائحة التي تخلع القلوب قبل البطون، يتسلل بينهما أطباق الباذنجان المخلل الخالدة مع أطباق الأرز العامرة،

تطل شعيرات الشعرية الذهبية؛ لتراقبك بعيونها اللامعة بفعل قطرات السمن البلدي، فتسقط لديك كل محاولات المقاومة والثبات، أما الشباب الخرع على حد قولهم فسيجدون فى صينية المكرونة بالبشاميل الخالدة وشرائح البوفتيك العريضة الضخمة ـ لم يكن هناك بانيه وقتها ـ فقد كانت الطيور في مصر هى البلدية فقط ولم يكن في القطر المصري كله دجاجة بيضاء، ويوضع حولها رقائق البطاطس المحمرة المقرمشة، والسلطة الخضراء، مع أصابع الكفته المشوية والمحمرة، تكفي فضول رغبتهم للفرنجة؛ علشان مبيفضلوش المحشي والبامية، ثم تجد الطرشي البلدي يقدم داخل أطباق مفروشة بالجرجير الأخضر، وتقدم هذه الوليمة للجميع بفرحة وسعادة من الداعى والمدعو، وتجد الأيادى تتدافع؛ لإطعام من يجاورهم قائلين والنبي تدوق دي من إيدي، وعند رفع المائدة تقدم أطباق الحلوى من الكنافة والجلاش للرجال وتنهض النساء لغسيل المواعين، وتنظيف مكان الطعام، بل وتبخير المكان، كانت هذه معيشتنا في سبعينيات وثمانيات القرن الماضي.

أذكر أن أمي ـ رحمها الله تعالى ـ كانت تعد عزومة لأصدقائي ثلاث مرات في العام، يوم نجاحي، ويوم ميلادى، وبمناسبة شهر رمضان مع ميزانية البيت المحدودة كانت تدبر أمرها وتسعد قلب وليدها، ومن الطرائف ذات يوم وقد أعدت البنات صوانب الكنافة والبقلاوة مع تورتة عيد الميلاد مصنوعة بأيدي البنات، وتحضر بنات الخال والخالة، وتعهد أمي لإحداهن بإعداد الشراب السكري الذي يضاف عليها، وتقف الفتاة أمام وعاء شربات السكر المذاب مع قطرات الليمون الموضوعين في الماء وتسهو الفتاة، أو كانت تجهل العلم عند الله، فيتحول الشربات السائل الغليظ القوام إلى حلاوة أو نداغة على قول أحد الضيوف، وتضع الفتاة هذا الخليط العجيب على صواني الكنافة والبقلاوة وتقدم الحلوى للشباب، ويحاول البعض قضم خرطة الكنافة، ولكن أسنانه تشتبك مع شرابها ويحاول الجميع نزع فكه العلوى بصعوبة من السفلي وتكثر المحاولات مع تمثيل البعض بأفواههم محاولات المضغ وصعوبتها مع إصدار الأصوات كموسيقى تصويرية، وتتعالى الضحكات وتستفسر الأم وتشاهد الشباب وتمثيلهم المعاناة وتعتذر الأم ويضحك الجميع، وتختفي الفتاة، وتنتهي الليلة بمرح وضحك، ولكنها قد سجلت في أذهان الأم نقطة سوداء فى تاريخها الزاهي، تلك هي بيوت زمان، وهكذا كنا نعيش ونحيا في مجتمع متآلف يسعد الجميع بسعادة أحدهم ويأسي معه فى أحزانه، ولكن هل هذا الكرم والتعاون بين الجيران محصورًا على مناسبات الطعام؟ والإجابة بالطبع لا، فقد كانت روح التآلف متأصلة في جذورنا، واذكر أن أحد الجيران من ملح الأرض قد مات، لا يعرف أحدنا له أهل أو أصل، ويتجمع الرجال ويُقام الواجب ويُكرم الميت ويدفن في مدافن جاره اللصيق، ويُقام له عزاء بسرادق أذكر أنه قد شمل الحارة جميعها.

كما أذكر أن خالي ـ رحمه الله تعالى ـ كان جاره المواجه سيزوج ابنته، فيفرغ الخال بيته ليقام فيه الفرح بكل مفرداته من كراسي العرسان الضخمة آنذاك إلى كراسي المدعوين إلى واجب الضيافة، حتى تمضي الليلة، أتذكرها اليوم وأنا أرى أحد الجيران في البرج يهدد جاره بإستدعاء الشرطة؛ لأنه يزعجه بأصوات العمال الذين يعملون لديه فى تجديد بيته.

للأسف هكذا كنا بالأمس وها نحن اليوم، ولك عزيزي المقارنة والحكم، والإجابة على هذا السؤال، هل كنت تفضل الحياة في زمن الماضي، أم أن عصر السرعة والانترنت هو الأفضل ونكران حقوق الجار؟

السمك

طول عمرنا وإحنا بناكل السمك وبنحبه، كانت الأم تقعد في وسط السفرة، وتمسك السمكاية، وتفصصها لينا فوق الأرز، وكان دائمًا رز السمك بني ببصلة، أو أحمر بإضافة عصير الطماطم مش الصلصة عليه بدل المية، وكان الكبير بيتسمتع بمصمصة السمكة والشوكة اللي على الجانبين وكذلك رأس السمكة المليان أسرار ميعرفهاش غير الأكيلة، واخد بالك إنت، والسمك في عرفنا إحنا الناس الطيبين هو سمك البلطي بصفة عامة وبعده يجي المرجان، أو الدنيس، أو المكرونة، لكن البلطي هو الضيف الدائم على موائد المصريين، ولو أنت عجوز شوية ـ يعني مقرب على الستين كده ـ حتفتكر "جمعيات الأسماك "، وتفتكر الطوابير على السمك البلطي الأسواني، كانت بتبيع السمك البلطي الكبير بتاع أسوان ده، بتاع بحيرة ناصر، وكان بيجي مبرد والكيلو بـ(16 قرش) منه، يعني السمكاية تعمل (80 قرش صاغ)، تاخد حضرتك السمكاية الـ (5 كيلو) المحترمة وقلبها الأبيض الشاهق شق اللفت، وكمان رأسها الأكثر إحترامًا، والواد اللي قاعد هناك ينضفها وياخد شلن، خمسة قروش يعني مع حزمتين فجل وجرجير وحزمة بصل بـ (3قروش)، وكام لمونة بشلن كمان وشوية خضرة علشان السلطة بحسبة إجمالية شلن والعيش يبقى قفلنا الجنيه.

جنيه مصري واحد في أكلة سمك معتبره، تفضل تاكل فيها إنتَ والعيال غدا وعشا ويمكن فطار كمان، أصل الحكاية كانت حكاية بركة ربنا، أولًا: راس السمكة دي توزن لها نص كيلو، وبتتقطع أربع حتت بالطول، وتتغسل بالمية والملح، ثم بمية وخل، وتطلع فله مفيهاش ريحة الزفاره، وتتبل وتتحط على جنب، وباقي السمكة يتقطع جزل جزل، مفيش فيها غير لحم أبيض محمر كده ومتبل تتبيلة عجب، يتقلى ويتحط على الطبلية معاه الفجل والجرجير والبصل الأخضر في صينية، الكلام ده قبل ما تبقى سرفيس، وجنبها سرفيس قارب، يحتوى على جبل من جزل السمك الساخن، وكل واحد أمامه طبق الرز والبخار بيطلع منه، وطبق غويط كبير مليان سلطة خضراء بالبصل والخضرة مالوش حل، ثم أطباق سلطة الطحينة، والبابا غنوج، أصلنا لا مؤاخذة كنا أصحاب مزاج وزي ما سبق وقلت بنعرف ناكل صح، أما نجم الطبلية فهو طبق الكسبارية، وده بقى يا سيدي عبارة عن راس السمكة وديلها مطبوخين بالدمعة الحراقة بالبصل المشوح، والفلفل الحار، وعصير الطماطم، وكله يتسبك، ويتحط السمك بعد ما يتحمر

جوه الحلة، ويتساب على النار قيمة (5 دقايق)، وتدوق أول لقمة منه، وتلطم من فرط اللذة، وكل واحد فينا يغرف من الدمعة على الرز بتاعه ويلهط هبرة سمك ومعاها ملعقة سلطة، ومعدتك تغني ظلموه مع أعواد الجرجير، ورؤوس الفجل، وقطمات البصل الأخضر، وتبقى ليلة يا عمدة، والباقي من السمك المقلي ده مع بواقي الأرز المحروق في قعر الحلة مع سلطة الطحينة ده بقى عشاء معتبر، أما اللي يتبقى من الكسبارية فده بقى هو فطار ثاني يوم للبنات والأطفال، وده كان السمك الشعبي للمصريين طوال السبعينات، لا ينافسه سوى صينية السردين، وده كان ليه موسم من سبتمبر ونوفمبر وديسمبر، كان صغير كده ومبروم وكله دسم، وبعد التنظيف كانت الحاجة ـ ربنا يرحمها ـ تقطع البصل حلقات، وفوقه الطماطم حلقات برضه، وكمان جزر حلقات، والكثير من الفلفل الحار مع شرايح البطاطس الرقيقة، واخد بالك انت رقيقة؛ علشان تستوى، وترص السمك المتبل فوق الليلة دي، وتعصر كام ليمونه وترمي قشرهم في الصينية وتدخل الفرن تخرج ورائحتها مسمعة لآخر الحارة مع شوية رز أبيض، والسلطات وتقعد تاكل وإنت دموعك نازلة من فرط اللذة برضه والشطة كمان، عايز أقولك إن اللي ما أكلش من الصينية دي خسر كتير في حياته.

وفي بداية الثمانينات كان الدخل زاد والعيال كبرت، ويلزمها الدلع، يبقى السمك البلطي يجي معاه مرجان، أو دينيس، ومعاهم مكرونة بلدي، وسمك المكرونة زمان يختلف تمامًا عنه دلوقتي، بجد زي ما بقولك كده، كانت السمكة كدة شايله نفسها ومبرومه ومفيهاش شوك ولا سفا اللي هو قشور السمك اللي بتكون فوق الجلد، تحسها سمكاية بنت ناس كده، وجواها عظماية مثلثة الأبعاد واخد بالك عظماية مش سلسلة ضهر مليانة شوك رفيع وسفا يدخل جوه زورك وإنت بتاكلها ـ مش عارف مين اللي لعب في هندستها الوراثية وخلاها مليانه شوك ـ وكانت غاليه بجد، لكن طعمها كان مسكر وفيه روح السمك الأرستوقراط كده مش بقولك سمكاية بنت ناس، ويتقدم بشياكة جوه سرافيس بجد ومعاها أطباق السلاطات إلى جانب الضيف الجديد بابا غنوج، ومفيش مانع من طبق بتنجان مخلل مدحرج، وكله يتحط على السفرة بقا مش الطبلية اللي اتركنت على جنب، وأصبحت وظيفتها الأساسية هي تخريط الملوخية عليها، أصلها كانت متغطية بقشرة خشب فرومايكة، ما علينا، أما الجمبري فده تسلل إلى حياتنا خلسة وعلى استحياء ومعه شرايح رفيعة من الأسماك تسمى الفليه، دخل على استحياء بعد أن صرف العامة نظرهم عن شراء البلطي الأسواني بتاع بحيرة ناصر، فقررالمسؤولين بيعه شرايح مخلية من الشوك ومجمدة، وكان الكيس نص كيلو بـ(8 قروش) وأخواتنا البنات قالوا إنه بيتعمل بالبيض والبقسماط زي البفتيك، أول مرة دخل علينا البيت كان جايبه الحاج معاه من الشغل، بصراحة إحنا إتفوجأنا، وأنا تنحت، طيب أنا كنت بأخد حتتين ثلاثة جزل سمك معتبرة وأشبع وبعد الشبع أقعد أمصمص في الكسبارية، إنما إنتو حتحطولى

شريحة ولا اتنين من بفتيك السمك ده، لأ والأكاده إننا كنا في رمضان وبالتحديد في أيام الكعك المباركة، وبصيت له بتوجس وعدم إرتياح كده، وأكلت اللي إتحط قدامي، وقمت بعدها فقشتلي بيضتين، ما أنا لازم أشبع، المهم تروح الأيام وتيجي الأيام ويزيح إخونا الفليه سمك الجزل المحترم من على السفرة ويحتل مكانه، ويفضل يغلى ويغلى لغاية ما أروح اشتريه أنا بـ (400 جنيه) الكيلو مع الجمبري اللي (350جنيه) الكيلو ويتعمل ويتاكل الجمبري ويفضل الفليه أقعد أكل منه بالليل وأنا بتحسر على أيام الكسبارية والجزل.

عايز أقولكم يا جماعة من فات قديمه تاه، مين يقول إن صينية السردين المباركة يحل محلها البورى عند الأغنياء والماكريل المجمد عند الموظفين؟

مين يقول إننا علشان نشتري أكلة سمك لازم نعمل لها ميزانية، أو على الأقل نكون لسه قابضين جمعية، أو واخدين قرض من البنك؛ علشان ناكلها، وإحنا إدارة عليا فى وظايفنا؟

مين يقول إنك تروح للسماك تسأل عن نوع غريب اسمه وقار، ولا لوط، ولا قاروص؟ يبصلك بشفقة ويقولك البلطي أهو حلو علشانك سعره (80 جنية) تاكل وتتهنى إنت والعيال بيهم، ولو عينك راحت ناحية الجمبري، ولا الكابوريا، ولا اسم الله عليها الكليمارى والسبيط يدور وشك ويقولك: عيش على قدك يا سيدنا الأفندي، الكيلو من الحاجات دي ياكل نص مرتبك، إدعى ربنا إنتَ إنك تدخل الجنة؛ علشان تاكلها فيها ببلاش، آه، ربنا هيخليك تاكل منها وتتمتع كمان. وتلتزم وتقف أمام طاولة البلطي وعينك زايغة على المكرونة، فتصعب عليه ويحطلك سمكتين منهم زكاه عن ماله، وتذهب لتشتري حزمة جرجير فقط بربع جنيه تلاقيها بقت بجنيه تاخدها وتحمد ربنا، تقعد بعد الغداء مع المدام تحكيلها إن في مخلوقات جديدة ظهرت في عالم البحار، اسمها الجمبري، وترد هي هامسة: عارفاه، بيقولوا عليه حلو للرجالة. وتمسك إنت بالجريدة أو الموبيل؛ لتداري كسفتك.

أما أسماكنا اليوم فلقد فسد حالها، وأفسدتها مطاعم تفعل الأفاعيل لتفسد علينا طقوسنا المقدسة في التعامل مع وليمة الأسماك، فقديمًا كان السمك البوري، وهو يعد إلى الآن من سادة أطباق السمك على موائد المصريين الغلابة، ولكنه كان صاحب شخصية وسمت لا تقارعه أي نوع من الأسماك الأخرى، فعندما يظهر اسم البوري في قائمة الطعام عند الأكيلة يطلب فورًا مشويًا وهو مغلق، لا تفتح له بطن، ويظل بأحشائه، ويدخل للفرن، ويخرج تسيل دهونه المحملة بالأوميجا 3 طربًا، وتملأ رائحته الأنوف، وتدغدغ المشاعر، قائلًا: انتبهوا أيها يا قوم، لقد حضر سيد مائدة المشاوي.

ويوضع مزهو بنفسه أمامك لتمد يداك بالشوكة والملعقة والسكين؛ لإعداد الملك للأكل، فتزيح الجانبين بطرف ملعقتك، ثم تثبت السمكة بالشوكة وتدخل بالملعقة؛ لكي تزيح غطائها الأسود، ثم تنزع منطقة البطن بعد فصل البطروخ المقدس وتضعه على طبق منفرد إحترامًا وتبجيلًا

له، ثم تقلب السمكة على الجانب الآخر لتكرر نزع القشرة السوداء، ويطرف المنديل تنظف أطراف طبقك الكريم من آثار القشرة المحترقة، وتظهر جزل السمك البيضاء السابحة في الدهون الثلاثية المقدسة فتدغدغها بعصرة ليمونه، وتلقي بالشوكة والملعقة جانبًا وتتقدم بيديك الكريمتين لتغوص بين أحضانها لاهثًا من فرط الاستمتاع وراء قرار يخطر على بالك، هل هذا لحم سمك زائب في زبدة دهونه، أم تلك قطرات الزبد خرجت لتصفق لك على حسن اختيارك، ثم تعاملك مع تلك السمكة العالية الشأن؟

ولكن شبابنا الرائع يطلب البوري سنجاري وأنظر إليهم متعجبًا، أتريد أن تفقد طعم لحم البوري الرائع ببعض الخضراوات، أين شخصية البوري؟ لقد ساويته يا هذا بالأصناف الأدنى منه في المرتبة، كالبلطي أو حتى الماكريل، انتبه أيها الأحمق.

وهناك الآخرون الذين يعرضون عليك طاجن الجمبري مع السبيط مع بيض السبيط مع البطارخ المقدسة مع شرائح من البصل والفلفل ما أنزل الله بها من سلطان في عالم الأسماك، يجب أن تعرف يا هذا أن لكل صنف من تلك الأصناف شخصيته المستقله، هل هان عليك ساندوتش البطارخ بالذبد السايح وفوقه القليل من المايونيز وقطع الخيار الحديث التحليل، فألقيته مع العامة من الأصناف الأخرى؟

ثم أن بيض السبيط والسبيط هذا لا يصح تناوله إلا في طبق من حساء الأسماك مع قطع الجمبري الوسط، وشرايح السبيط مع قطع من سمك البياض المخلي والمقطع مربعات في جو حميم تسيطر عليه رايحة الكرفس، وطعمه الذي يأتيك من بعيد ليقول لك: بخ، أنا مين؟ أو في طاجن بنفس المكونات مع التسبيكة الحمراء المقدسة يناديك: إن خسرت وخسر حالك، إن لم تتذوقني.

ولكن العامة من كافة المخلوقات البحرية لا يجوز خلطهم مع الملوك، بل يتم وضعهم في كومباوندات خاصة تليق بهم، كما يفعل البشر فينا.

ونأتي للنقنقة وهو حديث ذو شجون لمن يعرف قدرها، ما أزهى نظرات الكابوريا المشوية إليك وهي تحذرك من جمال رحلة عشق! فهي إن كانت سابحة في حسائها، أو متربعة بين القواقع، فلن تستطيع مقاومة تلك النظرات، فتمد يدك سريعًا؛ لتنزع عنها غطائها الصدفي لتجد كتل البطارخ خاصتها تحييك على حسن اختيارك، وتلتهمها غير متأني لتدخل إليها نازعًا تلك الغلالة الرقيقة التي تحاول أن تصدك عن التهامها، ولكن هيهات لها أن تفعل، فمذاق لحمها المسكر يغري أعتى عظماء الرجيم بالتهامها، وترفع بعدها رأسك للسماء مغلقًا عينيك، تتلمض شفتاك وهي تسأل: هل ما أشعر به حقيقة؟

وتنتهي من الكابوريا، وتمسك القواقع لتفرغ قلبها في قلبك، ويعد هذا في عالم الأكيلة تسخين، أما العمدة الصغير: فهو الجمبري فوق الوسط والجامبو والسوبر جامبو، فهناك طرق أخرى

لتناوله أبسطها الشواء العادي مع غمسها في صوص خفيف؛ حتى تستمتع بطعم العمدة، وهناك من يضيف له الجبن، أو الخلطات المختلفة، ولكن أين شخصية العمدة الملك المتوج عند المصريين؟ أتضيعها من أجل بعض الجبن؟ تبًا لك يا هذا!!!

وأخيرًا علينا زيارة السلطان، وسلطان الأسماك: هو الإستكوزا، ذلك الكائن الذي لا يحق لك زيارته إلا مرة في العمر، أو مرتين إن كنت من المَرْضي عنهم، ولا سبيل أمامك إن أسعدك زمانك بمقابلتها على مائدة طعامك إلا الإنحناء تحيةً لها وإستئذانًا لإلتهامها، فلتنزع الذيل يا صديقي وتخرجها من عرين عرشها، وتلتهمها غير آبه لآهات الإعجاب الصادرة من داخلك، وإياك أن تتوقف قبل أن تفرغ ما في زراعيها من لحوم يعز عليك مقابلتها مرة ثانية، ولكن مع هذه الإغراءات القاسية فلا تزال مائدة الغلابة هي السائدة، فليس لدينا طاقة بدفع فاتورة من أربعة أرقام ثمنًا لوجبة ـ كما فعلتها ذات يوم ـ، فلتشح بوجهك عن تلك الأصناف المستفزة، ولتقنع بالبلطي مع المكرونة، فالخير فيهم باقٍ إلى يوم الدين.

الأسماك المملحة

ومادام الأمر قد تطور بنا إلى هذا الحد، وطرقت باب مملكة البحار، فمن الأفضل لكَ ألا تنسى أن أجدادك الفراعنه قد أوصوك خيرًا بالأسماك المملحة، ودعك من التمليح الخفيف على دخان حرق الأخشاب العطرية، ولكن فلتذهب إلى معابدنا في جنوب مصر، في الأقصر وأسوان؛ لتجول بك بين جدرانها؛ لتريك كيف ولما يحتفل أجدادك بشم النسيم؟ وما هو ذلك الطعام السحري الذي يطرد الأرواح الشريرة من داخلك؟ بمساعدة حزم البصل الأخضر، وأعواد الحمص الأخضر والمسمى الملانه، أو سنابل القمح الأخضر المشوي على نيران قوالح الذرة الجافة؛ لتطعم منها وتفوزبمذاق ملائكي ونشوة تغلب نشوة كيزان الذرة الشامية المشوية على ذات النار، ستجد على جدران المعابد أن الأسماك المملحة كانت فيما مضى أحد الأطعمة المفضلة للعائلات عند خروجهم للتنزة، أو للإحتفال بالمناسبات الدينية كشم النسيم: وهو يوم عيد الربيع، أو يوم وفاء النيل: حيث يلقون إليه بحبيبته التي يتزوجها، تقدم إليه قربانًا؛ ليدع النيل يفيض بالخير، أما المسافر في الصحاري، فلم يكن له زاد أفضل من تلك الأسماك المملحة حيث تصمد معه وتحتمل الحرارة وطول الطريق، فيأكلها لتكون مصدرًا للبروتين، وكذلك تعويضًا للجسد من الأملاح المفقودة مع العرق الذي يغطيها من حرارة الشمس، فيعادل ما فقده من أملاح، ولك أن تراجع قراءتك لسورة الكهف في كتابنا الكريم القرآن؛ لترى أن سيدنا يوشع يخبر سيدنا موسى بعد أن طلب منه الغداء، فقال له:﴿ فَإِنِّي نَسِيتُ الْحُوتَ وَمَا أَنْسَانِيهُ إِلَّا الشَّيْطَانُ أَنْ أَذْكُرَهُ وَاتَّخَذَ سَبِيلَهُ فِي الْبَحْرِ عَجَبًا﴾، فقد جعل الله في قفز السمك إلى الماء بعد التمليح آية وعلامة على مكان الخضر ـ رضى الله عنه ـ مما يفيد أن الأسماك المحفوظة كانت من زوادة السفر آنذاك، وقد كان أجدادنا القدماء يفضلون أنواعًا محددة من أسماك النيل العظيم، فيخصصون سمكة كلب البحر العظيمة الكبيرة الحجم، والكثيفة اللحم لتمليحها بالملح الرشيدي، والشطة الحمراء، والقليل من الكركم الأصفر؛ للتخلص من البكتيريا التي قد تتكون نتيجة لدخول الهواء إليها، ويكتم الخليط بلفافات البردي ويعزل عن الضوء والهواء، ويبقى لفترات تصل إلى الشهور، أما إذا كانت سفرتك قد تستمر لأسابيع قليلة، فعليك بتخليل البوري النيلي، ولكن إذا كانت سفرة قصيرة لأيام لا تزيد عن العشرة أيام، فأسماك السردين النيلي هي مرادك، وفي جميع الحالات فما يهديك به النيل جميعه مبارك لك ولجسدك وكذلك يحفظك من السحر والحسد والشياطين.

ولنعد الآن إلى وليمتنا المحببة، فهذه ربطة الفسيخ النبراوي المعتبر والمشترى من شاهين الأصلي بميدان السيدة زينب، فهناك الفسيخ المبطرخ وغير المبطرخ وكلاهما خير، وتمسك الفسيخ وتجردها من قشورها بحافة السكين، ثم تغسل جيدًا؛ للتخلص من بواقي أملاح التخليل وكذلك من القشور العالقة، فإذا اطمأننت لنظافتها، أرحها على أحد جوانبها وأفتح البطن بهدوء وروية، وإذا كانت السمكة مبطرخة فلتنزع عنها بطروخيها بهدوء، وتطرحه جانبًا داخل طبق خاص، وتمد سكينك إلى ما بعد البطن لتخرجها جميعًا مع ضرورة كحت الجدران، ثم تغسلها جيدًا وتنزع عنها رأسها، وتوضع في طبق مفلطح حيث تغدق عليه بالكثير من عصير الليمون، ثم قدر لا بأس به من زيت الذرة أو عباد الشمس، ثم تتركه ليستريح وينقع ليتشرب مع ضرورة تغطيته.

أما الإبن المدلل: وهو السردين، فلعل قلبك الصغير سيصيح طربًا من ملمسه المزبد، فلتقم بتنظيفه بقطعة نظيفه من قماش ناعم، وتضعها على أحد الجوانب، ونقطع الرأس ومنطقة البطن بسحبة واحدة من سكينك الحاد، وتفتح السمكة وتنزع شوكتها الداخلية شبه المهترئة وبذلك تكون قد جهزتها للتقديم، وتوضع مع رفاقها داخل الطبق وتعصر الليمون بغزارة، ثم تضف إليها القليل من الشطة وبعدها تغرقها في الزيت وتغطى، ثم توضع بجوار شقيقاتها من الكهرمانات.

ونصل هنا إلى سمكة عملاقة قد تصل إلى الكيلوات الخمسة: وهي الملوحة، فتكرر بها ما فعلته مع الفسيخ مع مراعاة التجفيف الجيد بعد غسيلها من الخارج فقط، وتقطع إلى شرائح عريضة، ولا بأس أن تخلي جزءًا منها، ثم يوضع في وعاء مناسب، ويوضع فوقها الطحينة بقدر مناسب، ثم عصير الليمون مع القليل من الشطة، ومن الممكن أن تأخذ بعضًا منها، ثم تخلط المكونات باستخدام الهاند بلندر، فتخرج منها خليط سائل يصلح كفاتح للشهية بجانب أى طعام.

ونتفرغ بعد ذلك للرنجة محبوبة الجماهير، فتوضع داخل مقلاة وتشمم النار حتى ينكمش الجلد وتتفتح منادية عليك أن لن تستطيع مقاومتي، فتخلى في دقيقتين من أشواكها وتوضع في إناء مناسب، ولكن عليك بفصل اللحم عن البطارخ، وتغرق الإناء بعصير الليمون، ثم الزيت، ثم الكثير من الطحينة، ومن الممكن أن تقطع بعض الشرائح منها مع الفلفل الألوان والحار والبصل الأخضر على قطع الرنجة؛ لتمتلك النشوة كاملة في نصف رغيف فينو.

أما البطارخ فلها قصة عشق لا يمكن السكوت عنها، فيمكنك أن تضربها في الكبة مع الطحينة والزيت، ثم تضيف لها قطع البصل الأخضر مع الفلفل الحار والطحينة، ثم تصب أمامك، كما يمكنك أن تأخذ من هذا المزيج على شرائح التوست المقرمش المدهون بالزبدة الفاخرة، أو

وضعها أمامك مع أعواد البصل الأخضر؛ لتكون لك خير طعام، وأخيرًا لك أن تفعل كما يحلو لي أن أفعله، وهو قضمها سليمة مع عصرات الليمون، ستذهب بك إلى عالم جديد.

أما إن كنت من هواة الغموس فيجب عليك إعطاء الغموس حقه، هات بقى سرفيسك المحترم، ويبقى في منتصف السفرة؛ إحترامًا وتبجيلًا، هات بقى حزمة بصل أخضر مخصخص وراور، ومفيش مانع من طبق طحينة إضافي، والكثير من الليمون المقطع على قد شفطه، وجبل من الخس والجزر والجرجير ورؤوس الفجل الأحمر أو الأبيض كله من خير بلدنا، وطبقين كبار من البطاطس المحمرة لدرجة القرمشة وبجانبها رغفين شامي من بتوع سوريا ولبنان تقطعهم، وتشممهم زيت، ويدخلوا الفرن حسبة خمس دقائق أو الميكروويف دقيقة ونصف، ودلوقتي هات قفص العيش الملدن، وكمان لترين حاجة ساقعة، ودوس بقا يا معلم.

هذه التحابيش مطلوبة دائمًا وضروري تكون موجودة على هذه السفرة؛ لكي تكتمل المتعة، وبعد الإنتهاء، هناك جيلي بالموز؛ علشان يرطب على المعدة من معركة الفسيخ والرنجة، ولا طبق الملوحة، سوري بقا يا لهووووي عليها وعلى جمالها، أسيبكم بقا علشان أتعشى ساندوتش جبنة رومؤ سايحة، ومعاها زتونتين كلاماتا أسباني.

فواكه اللحوم

لكن كل الكلام السابق ده كوم ويوم الكوارع وفتتها الخالدة بالخل والثوم، ولكن مش كل من ركب الحصان خيال، ولا كل من إشترى جوز كوارع بيعرف بعمله، لكن كيف تستمتع بنوعيه مختلفة من اللحوم تلك هي المعضلة؟

فواكه اللحوم

ومن حيث المبتدأ الكوارع دي أكلة خاصة بأصحاب المزاج، ومش أي حد بيحبها، لكن اللي بيحبها بجد بيوصل الأمر معاه لحد العشق، ودول لا مؤاخذه يعني أصحاب نظرية "كل ولغوص محدش واخد منها حاجة " يعني بالبلدي كده تلم شوكك وسكاكينك، وتحطها في درج النيش، ده من حيث المبتدأ يعني، وقبل الأكل لازمن تغسل إيدك غسله نظيفة؛ علشان اللغوصة اللي هتحصل بعد شوية وطبعًا ما دام الأمر وصل لمرحلة الكوارع يبقى فيه كام طبق بيسندوها، أو بيسندوك معاها، أولهم سلطنية الشوربة الطاهرة، وإياك تنسى طبق الطرشي البلدي؛ لأنك محتاجه ضروري، يعني شفطتين شوربة مركزة معصور عليها نص ليمونة، وبعدها حتة طرشي بلدي مخلل، ولا حتة لفت، ولا قرن فلفل حراق من اللي مات أبوه؛ علشان يعدل النفس، ويظبط الأداء، وأنجر فته، محترم ده من حيث المبتدأ إنما مش ممكن تتقدم بدون مرافقيها، طبعًا لحمة الراس هي بتحتل مكان الصدارة ولا تقل في الأهمية عن الكوارع، لكن برضه مش أى لحمة راس، المقصودة هنا اللحمة المشفية، الخالية من العظم والجلده الخارجية التي تشمل الأنف والشفاتير والأذن وكل ما هو يؤذي النظر ولا تشعر معه بالإرتياح، فالجزار بيشفي الراس من تلك الأشياء غير المرغوبة، ويفصل المخ، ويقطع لك اللحم الجميل صاحب الشخصية المتفردة، وهناك قطع مميزة في لحمة الرأس يعرفها الحريفه، كما أنه هناك ثلاثة أنواع منها:

الأولى: هي رؤوس الضأن، والجبهة والصدغين هي كل ما يمكنك أكله من الهيكل الخارجي، أما من الداخل فهناك الجوهرتين واللسان وكفى الله المؤمنين القتال، لذلك هي خفيفة في الروح والأكل، والجواهر في هذا العالم هي العيون كاملة.

أما النوع الثاني: فهو البتلو الذي هو الراس الشعبية للأسر المصرية وقطعها المميزة لا تختلف كثيرًا عن رأس الضأن غير أنها أكبر في الحجم وأخف في المذاق.

ثم نأتي للباشا الكبير، رأس العجول الكبيرة وتلك الرأس هي المفضلة عند الأكيلة في مسامط لحم الراس، حيث تُخلى تمامًا من العظام والجلود، ويتبقى شريحة كبيرة من اللحم الصافي

المطعم ببعض الدهون المحبة، فتقطع قطع كبيرة كقطع اللحم العادية، وتسلق بعناية حيث أنه من المفضل أن تبقى على النار لربع ساعة بعد الغليان، ثم ترفع من الحلة؛ لتوضع في حلة جديدة بها معيار مناسب من المياه المغلية، ويتخلص الطاهي من الحله الأولى التى تضم كافة مكونات الزفارة غير المحبة، وهنا يتم تتبيلها بكافة المنكهات من حبهان ومستكة وورق اللورى والفلفل الأسود، ثم تترك على النار حتى تمام النضج، ويضاف الملح وتتلفت حولك لتسحب قطعتين من جوف الحلة وتضعهم في نصف رغيف بلدي أصيل مع بعض الرشات من الملح المخلط، لتتذوق أطعم ما في هذه المنظومة، ومن الممكن صب كوب من هذه الشوربة؛ لانك بالتأكيد لن تستطيع مقاومة تلك الرائحة.

وبعد تجفيف العرق يأتي دور الممبار المقدس، حيث تكون الأم قد أعدت خلطة الممبار وتجلس الأم المحترفة لمدة لا تزيد عن عشرين دقيقة؛ لتكمل حشو إثنين كيلو من الممبار النظيف، ويجب الحرص على أن يكون الحشو خفيف؛ حتى لا تنفجر إصابعه بفعل الحرارة، ويوضع في مياه السلق الحارة بحرفية؛ حتى لا يفرط ويخرج الأرز من جوفه، حيث يوضع الطرف الأول بهدوء داخل المياه حتى ينكمش ويغلق وبنفس الحرص تغمس باقي الإصبع؛ حتى تغمره الماء، وتكرر هذه الخطوات حتى إنتهاء الكمية وتغلق الحله مع تهوية بسيطة.

ثم نأتى لبطل الحلقة وهو الكوارع، حيث تنقع في الماء والملح والخل للتخلص من الدم والزفارة، ثم تغسل مرات ومرات حتى يصبح اللون أبيض شاهق مرصع ببقع حمراء، ويغمر في الماء؛ ليغلي ربع ساعة وبعدها يتم تغيير مياه السلق، وتوضع المتبلات والمنكهات وتغلق الحلة حتى ينضج ويصبح جاهز للأكل.

وهنا نصل لمكون لا يعرفه سوى الأكيلة بجد، يأتى دور الحلويات، أو حلويات اللحوم، أو النفوس وهي الغدد الصماء الموجوده داخل العجل، صاحبة شخصية تقارب بيض السبيط والبطارخ في الاسماك، كما أن لها نفس المفعول السحري من كمية الطاقة الناتجة عن أهلها، وهي تعامل معاملة اللحوم تمامًا حتى في سعرها؛ لكي لا تظن أنك بتاكل أكله أي كلام، لأ ياسيدي الفاضل ربع كيلو الحلويات أو النفوس ب(120جنيه) وهي تعد بأكثر من طريقة سواء بالسلق مع لحمة الرأس، أو بتشويحها، أو تحميرها مع بصلتين محترمين وكام قرن فلفل حامي بجد لحد السوا، أو بوضعها مع طاجن الكرشة والفشة مع حمص الطبيخ وعيش بقا يا مولانا.

وأخيرًا نأتي للفشة والزور والطحال والسمين الصالح، كل هذه المكونات تعد كالكوارع ولحم الراس وتسلق سليمة، وبعد التسوية تقطع قطع متوسطة، وتوضع في مقلاة كبيرة بها بعض قطع السمين مع القليل من الزيت، وبعض قرون الفلفل الحار، وتقلب حتى تمام التحمير، وتوضع في طبق مفروش بالبقدونس، ويقدم الطبق يغبطك عليه بحة الأصلى.

وها قد وصلنا لصينية الفتة المجيدة بالخل والثوم، حيث يحمر الخبز بعد تقطيعه إلى لقيمات متوسطة، ثم تغمر بالشوربة المقدسة؛ حتى يستسلم تمامًا لها، ثم تأتي بالأرز الأبيض؛ ليفرش فوق الخبز المشبع بمرقة الكوارع، وعلشان الأكله دي بتكون دسمة، فست البيت لازم تكسر سم الدسم بتحمير الثوم مع الفلفل، ثم رش القليل من الخل الأبيض لتسمع صوت الطشة الخالدة، ويرفع المزيج من على النار ويوزع على صينية الفته بالعدل.

ها، ملكش حجة، الفته بالخل والثوم ومعاها سلطنية الطرشي البلدي، يعنى تتفضل بقى تاكل بالهنا والشفاء، ويفرش فوقها قطع لحم الراس، وحلقات اللسان والطحال، وتقدم مع السلطة الخضراء والطرشي البلدي، وتدخل الكوارع الفريدة في وعاء كبير، وأطباق الشوربة، ثم تأتي سرافيس الممبار، وأطباق المخ البانيه، أو المعد بالخلطة مع بعض النخاع إذا نجحت في إقتناصه من باعة المدبح.

تلك المائدة لا يستطيعها سوى أولاد البلد اللذين يعرفون قيمتها، كما أنها معدة خصيصًا للمصريين، فلم أرى مجتمع عرف كيف يسوس هذه المكونات؛ ليصنع منه وجبة تضيف إلى الرصيد الإنسانى الكثير.

وغالبًا عند مرورك بمسمط شهير، أو عند باعة السمين، وهذا هو اسم الوجبة، كبحة مثلًا تجد هرم كبير من الممبار ملفوف ومتراص أمام البائع ، وسواء رضيت أم لم ترضى، فستجذبك رائحة القلي الزكية، وتجد رفرفة في قلبك لا سبيل لعلاجها سوى قضمتين من رغيف السمين المشكل بتشكيلة سحرية ، ففيه تجد الفشة والطحال والزور كمكون أساسي، وبجانبه قطع محمرة من الممبار، وأخيرًا قطع من السمين الخفيف يضاف إليه قرن أو أكثر من الفلفل الحار مقطع إلى جزئين، مع رشة من البقدونس، فتذهب بك تلك القضمة إلى عالم آخر يختلف عن عالمنا القاسي، فتربيت اللقمة على قلبك تشعرك بأن الخير مازال موجود.

وتلك الرائحة الخاصة تختلف تمامًا عن رائحة المشاوي والكباب والكفته عند رفاعى مثلًا، وعن رائحة شوي وقلي الأسماك عند البحرين، وكذلك رائحة الكبدة والمخ عند فتحي، فجميع ما سبق تشعر عند دخولك منطقة نفوذه بالأرستوقراطية الغثه، ولكن بحه يحتضنك بروائح عطرة شعبية تأخذك إلى عالم المدبح الكبير ودنياه الزاهرة.

العزومات

لكن فيه عزومات بتكون مختلفة، تحس إن فيها شوية زيادة من الإهتمام، هو مش إهتمام كده وخلاص، لااا ده ليه أسبابه المنطقية، منها عزومات النسايب، عزومة الخطوبة، أو الإحتفال بالعريس وأهله، دي بقا بتكون مهمه لعدة أسباب:

منها الإبهار، إبهار العريس بمائدة حافلة ما شفش زيها قبل كده، وطبعًا أم العروسة لازم تعرض مهارتها في الطبخ، وده لأن الأم الشاطرة بتطلع بنتها شاطرة زيها، مفيهاش كلام دي، تاني حاجة إظهار كرم البيت وناسه، وكرم البيت اللي عازم بيكون دليل على إن العروسة ـ اللي غالبًا بيبدأ أهلها بالعزومة ـ طباخة بريمو، وكمان بيكون تحذير للنسايب على مدى كرم وثراء أهل البيت وإن بنتهم خارجة من بيت أبوها شبعانه.

والمائدة دي بيكون الملك فيها هو الديك الرومي المحشي المتبل، وتحته الرز البسمتي بالكبد والقوانص؛ علشان يعرف إنه بلدي وجايبينه بالحوايج بتاعته، أو الأوزى لو مستوي أعلى، أو البط لو مستوى متوسط، أو الفراخ لو عند الناس الطيبين، وطبعًا لو بط وفراخ يبقى لازم معاها كام جوز حمام محمر ومحشى بالفريك والرز، وده بالذات بيكون دليل المهارة؛ لأن مش كل من عمل الحمام طباخ، ومش كل قط نقوله يابسبس.

وطبيعي سرفيس محشي ورق العنب لو في الصيف، أو الكرنب في الشتاء، ومدام قلنا محشي يبقى إجبارى جنبها ملوخية خضره، وطبعًا ميصحش تتعمل سفرة من غير خضار، وملك خضار الصيف تبقى البامية، أما ملك خضار الشتاء فبيكون البسلة الخضراء بالجزر، ومدام اتوجدت الملوخية، ملوخية وخضار يبقى لازم رز بالشعرية.

طيب العيال الفافي لازم يتراضوا وممكن كمان يكون العريس منهم، يبقى لازمن الدفع بصينية المكرونة بالبشاميل ومعاها بفتيك، آه، لازم؛ بفتيك علشان محدش يقول علينا حاجة، أصل البوفتيك هو اللي حيخليهم ميقولوش بصوت عبد المنعم مدبولي في فيلم الحفيد مع ضرورة ضرب الفخذ بالكف، طيب اللي مش بيحب البوفتيك يبقا البانيه يسند معاه، خلاص كده، طبعًا لأ، لازم حاجات الدلع، يعني شوية كفته على كبيبه شامي، على سمبوسه يعنى لزوم النقتقه، وطبعًا ضروري جوزين فراخ؛ علشان اللي مش بياكل البط، وصينيتين جلاش حادق، وما تنساش السلطات، والمخلل البلدي، والبتنجان المخلل، وكده تجلس الأم وهي منفوشة الأوداج،

قائلة: والنبي كل يوم بعملهم الأكل ده ومبرضوش ويروحوا يشتروا من المحلات الأمريكاني
، دليل على الثراء والبحبحه، وطبعًا العزومة دي بتكون من أهم العزومات، وضروري كمان
تترد وغالبًا الرد بيكون مشابهة ، بل بيحاول يتفوق، ولكن على مين، غالبًا بتكون السابقة
سابقة، وطبعًا فيه عزومات الأصدقاء ودي بيكون الجو فيها ودي، وممكن كمان الضيف يطلب
هو عايز ياكل إيه، وكمان فيه أكلات المناسبات الحزينة، ودي بتكون في الغالب الفته واللحمة
المسلوقه مع السلطة.

أما العزومة الفاخرة التي قد تنافس عزومات اللحوم، فهي عزومات السمك، ودي بتكون
موجودة بالطلب وليها نظام مختلف، يعني عند الناس الطيبين زي حالاتنا بيكون فيه مقلي
وغالبًا بيكون البلطي، ومشوي غالبًا بيكون البوري ومعاه شوية جمبري مقليين على شوربة
سي فود وكده عسل، أما إخوانا حريفة السمك فالكلام ده ميمشيش معاهم، يبقا لازم اللغوصة
وده معناه الكابوريا المشوية أو المسلوقة، معاها شوية جمبري شرحه مقلي ومسلوق مع
شوية قواقع على بكلويز يفتحوا الشهية، وفى نص المائدة بتتشرف سمكاية لوط ولا قاروص
من الحجم الكبير في صينية محترمة مليانة بتشكيلة البطاطس على الفلفل والجزر والليمون،
وكده تبقى الأكله محتاجة الرز الصيادية والخضار والسلطة المحببة، وتبقى عسل وكمال
آلسطة على الآخر.

أما علية القوم، فغالبًا ما بتكون العزومة في البيت والسمك جاهز من مطعم كبير، ولازم تضم
أصناف أفرنجية غريبه تمامًا عن المزاج المصري، زي المكرونة بالسي فود بالصوص الأبيض
ولا الأحمر، وطواجن الجمبري بالصوص الأبيض والجبن، وكمان طواجن من السي فود
المشكل، وباقى الأصناف المعتادة زي سمكة لوط في طاجن، وسمكة قاروص عملاقة مقلية،
وأنواع الأرز بالسي فود، والأهم تشكيلة الجمبري والكابوريا والإستاكوزا لزوم الدلع.

دى قائمة مصغرة لعزوماتنا، وأحسن ما في أكل العزومات: هو أكل شباب بعد العزومة في
المطبخ، حيث يتم نسف الأصناف المميزة، وتدخل الأم فى آخر الليلة؛ لتجد الصحون فارغة
وتبتسم مهنئة نفسها بنجاح العزومة وهي لا تدري أن أبنائها دخلوا المطبخ؛ علشان يرتبوه
من الفوضى وبناتهم طبعًا.

١٠ • الأكل وسنينه

يا أخي تلاقي الواحد منا متعلق بالأكل تعلق شديد، لدرجة إن ابن الاصول بيتوصف إنه - زي ما قالوا زمان - اللي واكل على طبلية أبوه يشم ظهر إيده يشبع؛ دلالة على عفة النفس، وكما ذكرنا سابقًا، قالوا: عض قلبي ولا تعض ريفي.

إن قلبي على الرغيف خفيف؛ دلالة على تعلق الرجل بطعامه وحرصه الشديد عليه، كما أنهم ذكروا كناية على شدة العداوة، "لا تاكل من أكلتى ولا تقرب من فرشتي"، يعنى مفردات حياتنا لاتخلو من ذكر الطعام، وأكبر دليل على الإخوة والصداقة" إننا واكلين عيش وملح مع بعض"، وأقصى تشبيه للخيانة هو خيانة العيش والملح، حتى في أوساط نخوة الرجال مع بعض إنه بيفرض حمايته على ضيفه طول ما طعامه في بطن الضيف، ده حديث الأصول عن فضل وأهمية الطعام، لكننا في أغانينا بنحلف بمفردات الطعام؛ دلالة على جمال المحبوب، فتجد عبد الغني السيد بيوصف خدود ست الكل الحمراء، النضرة، بخدود التفاح الأمريكاني، بس بتاع زمان، وإن الرمان بيذبل بحضور ست الكل، والمعنى في بطن الشاعر في أغنيته الشهيرة "يا ولا يا ولا"، ولا تلاقي نعيمة عاكف ووداد حمدي بيغنوا أغنية" العدس الليلة" على ألحان أغنية " القمح الليلة ليلة عيده " للراحل العظيم محمد عبد الوهاب، بما فيها من مدح وذم في العدس وللعدس، ولكن أروعهم كان أوبريت فرقة رضا في فيلم إجازة نصف السنة "عايزين ناكل هم هم هم "، وفيها تم سرد جميع المأكولات التي يحبها المصريين في قالب خفيف، لكنه بيجوع وبخاصة وهو يجلسون وقد نجحت المظاهرة ونصبت لهم مائدة أرضية، أما الدندورمة بأشكالها المتنوعة التي كانت تصنع في مصانع في درب الجماميز بجوار حي الحلمية الشهير في حي السيدة زينب، كما سمعنا وشاهدنا الصورة الغنائية   " الدندورما "، وطبعًا كلنا شفنا "أوبريت الليلة الكبيرة " للراحلين صلاح جاهين وسيد مكاوي، حيث وصف المولد وكأنك تعيش بداخله مع أصناف الطعام المتفردة مثل: السمك المقلي والفشة والممبار، حمص وحلاوة المولد بأنواعها، "وطار في الهواء شاشي يا جدع"، كل هذا يدل على وجود علاقة وثيقة بين المناسبات المصرية الأصيلة والطعام، ولكننا إذا تتبعنا طريقة وصول تلك المأكولات إلينا لوجدناها متفردة، فمن "العاشوراء" المصرية الشهيرة المتفرقة الأصل بين قطرين هما مصر والشام، وعلى وجه العموم لقد توحد هذا الطعام وانتشر عبر أقطار العالم الإسلامي نظرًا لحب الخلفاء الأمويين والعباسيين للطعام الطعام،وإبتكار الطهاة لهم أصناف الحلوى، وقد انتقلت عبر الأقطار لتستوطن القاهرة ودمشق، ثم بغداد وبلاد الشام، ويعتبر "الفلوذج" من أقدم أنواع الحلوى: وهو ينتمي في البداية لدولة الفرس في بلاد الشام، ويسمى (بالفارسية: فالوده،

بالوده) هي حلوى إيرانية تقليدية باردة تشبه الشربات، تتكون من شعيرية رقيقة من النشا في شراب نصف مجمد، يحتوي على السكر وماء الورد، يغلب تقديم الفالوذج مع عصير الليمون و الفستق المطحون، كما ابتكر الطهاة الأمويين "الكنافة" للخليفة الأموي معاوية بن أبي سفيان الذي كان يجد مشقة في صيامه لشعورة بالجوع وسط النهار، فابتكر له الطهاة الكنافة مما ساعده على صيام الشهر الكريم وكذلك النوافل، وبعدها تفنن الأتراك والمصرين في استخدام الحشوات المختلفة كالفستق، المكسرات المطحونة إلى الفول السوداني بطعمه وطعامته، ثم بالمهلبية والقشطة، وأخيرًا ما ابتكرته محلات الحلوى الشهيرة؛ لتحشوها بالمانجة، آل مانجه قال، سيبوا الكنافة وروحوا العبوا في البودنج بتاعكم يا عديمي التذوق، ومع تلك المهارات المنتشرة في عالمنا الإسلامى أولًا، ثم العربي فيما بعد، انتشرت الحلوى الشرقية بشخصيتها المتفردة، فصار لها من العشاق الملايين.

ولكننا كأوطان متفرقة صار لنا وصفات خاصة يشتهر بها كل قطر منفردًا، فتجد الشوام وإبداعاتهم في أصناف المعجنات، ومصنعات اللحوم، ولكن بلاد الحجاز اشتهرت بصناعة أنواع اللحوم التي يحفر لها أفران تحت الأرض في الرمال، ثم توضع الذبيحة ماعز كان أم خروف كامل، يوضع بعد تقطيعه أربعة أرباع، فوق إناء ضخم يمتلأ بالأرز البسمتي والوارد من الهند وأمريكا، وعند تمام النضوج يغرف في صواني كبيرة أشبه بصواني العشاء عند المصريين، أكوام من الأرز، ويوضع فوقها الخروف، أو التيس، أو الماعز؛ لتاكل منه لحمًا، طريًا، سائغًا للآكلين، كما تم إضافة الدجاج إلى تلك الأفران، وأخيرًا الكبسة المشهورة من الأرز البسمتي مع لحم الضأن، ولكننا في مصرنا الحبيبة فقد تأثرنا بالمطبخ التركي كثيرًا، فصار طعامنا يتميز دائمًا بالدسامة والتنوع في الإعداد من الشوي والسلق والتحمير والنضوج داخل الأفران، فإذا ذكرت الطعام المصري ورد على خاطرك المحاشي من الكرنب وأوراق العنب، والباذنجان والكوسة، وكذلك الفلفل، كما أنه يوجد من يعشق محشي الطماطم، ومحشي البصل، ولم تقف تلك الطريقة عند حشو الخضروات فقط، فقد امتدت للطيور، فصارت الطيور جميعها قابلة للحشو، بدأ من الحمام إلى الدجاج إلى البط إلى الرومى، ثم الأوزي وأخيرًا الضأن بأنواعه، وأصبحت المحاشي كطبق مستقل بذاته، ولكن المصريين قد ابتدعوا طبيخ الخضار من فاصوليا وبازلاء وبطاطس إلى البامية، ثم البقوليات، وأخيرًا الملوخية الخضراء الزاكية والتي لا يستطيع عملها بطرقها الموثقة سوى المصرين، ثم تنتقل معهم إلى إعداد وطهي الكوارع، ولحم الراس، وفواكه اللحوم، ثم أحشاء الذبيحة مثل القلب والكبد والكلى والفشة والكرشة، ثم الممبار، ولديهم طرقهم المميزة في إعدادها وطهوها بطرق مبتكرة لا يستطيع مقاومتها الآكل.

والآن وعلى مختلف الموائد تجد الفن المصري يبدع في تصويرها، فتجد الكثير من المشاهد التي تمثل حب المصريين لأكل اللحوم دون إغفالهم لبقية الأصناف.

الأكل في الأفلام

هناك مواقف عديدة في أفلامنا القديمة عند مشاهدتها لن تصبر على نداء أمعائك؛ طلبًا للطعام، فتجد في فيلم "الزوجة الثانية" للمخرج الرائع صلاح أبو سيف الذي تم عرضه في (1967) من تأليف أحمد رشدى صالح، وقد شارك في السيناريو المؤلف الكبير سعد الدين وهبه مع صلاح أبو سيف ومحمد مصطفى سامي وحوار محمد مصطفى سامي الذي يعتبر أحد أيقونات السينما المصرية، بطولة سعاد حسني مع شكري سرحان، والرائع صلاح منصور، والرائعة سناء جميل، تجد أن عظمته في بساطته، وتجد فيه أكثر من مشهد يتسيد فيه الطعام الموقف ليكمل رؤية المؤلف والمخرج ليعبر بنفسه ونوعه وأسلوب الأكل نفسه عن شخصية وأهمية أو تفاهة الأكل، فهناك ضابط النقطة تجد المخرج فيها يغير كادره بينه وهو تتنقل يده بين الفطير الشلتت والدجاج والبط في مشهدين متكررين في نفس الفيلم، فتجعل المقارنه بين مائدة المأمور وبين لقيمات من الخبز الجاف يقدمها العمدة إلى فاطنه وصغارها بتعاطفه المزيف مع قطعة من الجبن القريش لأبناء أبو العلا زوج فاطنه الرافض لطلاقها؛ ليتزوجها العمدة الدنئ على حد قول زوجته، وتتباين المائدة العامرة بالبط والدجاج والمشلتت مع قطعة الخبز اليابس والجبن القريش في مشهد واحد يعبر عن نفسه عبر كادرين، وأيضًا مشهد تناول فاطمة وزوجها أبو العلا وأمه وصغارهما الفتة على لحم حوايج دكر البط، ودخول الغفير عبد المنعم إبراهيم عليهم؛ ليصطحب أبو العلا؛ لينام في الحجز نكاية فيه؛ لكي لا تبقى ليلة يا عمدة.

كما أن مشهد إفطار السيد أحمد عبد الجواد فى فيلم "بين القصرين" الذي يجلس للطعام تاركًا أبناءه الرجال واقفين حول المائدة ينتظرون الإذن بالجلوس والأكل وهو يخاطب كمال الطفل الصغير، ثم يسمح لهم بالجلوس بعد أن كاد أن ينهي هو طعامه؛ ليتخطف الأولاد الطعام؛ لأنهم يعلمون أن والدهم على وشك الإنتهاء من الطعام، وبناء على ذلك سيضطرون لترك طعامهم؛ لأن الأب قد شبع، وتجد الطفل الصغير، والرجل الكبير يتخطفون حبات البيض ويضعه عبد المنعم إبراهيم في جيبه قبل أن تجلس البنات للإفطار، في مشهد لا يتعدى الدقيقتين يوضع المخرج السلطة الجائرة للأب مع أبناء، ثم يوضح أن الفتاة في ذلك العصر لم يكن لها سوى الفتات في كل شيء بدأ بالطعام ونهاية باختيار الزوج حتى أنهن يتمنين الزواج للهروب من سطوة الأب.

وعند انتقالنا لمشهد مظاهرة أعضاء الفرقة التي دعاها أخو ماجدة فى فيلم "إجازة نصف السنة" طالبين الطعام في مشهد تمثيلي وغنائي طريف "عايزين ناكل هم هم هم"، ويعدد

أبطال الفرقة أصناف الطعام الذي يحلم به كل فرد فيهم من شدة الجوع، وانتقال المشهد إلى جلوسهم على مائدة أرضية تضم من خيرات الريف ما يطفئ جوعهم، كما يعزز في مشهد فكاهي محاولة إخفاء العزبي بعض الطعام لنهمه الشديد، ثم إطعام الفتاة الصغيرة ما خبأه للقطط، فقد أثرى مشهد الطعام والفرقة الفيلم.

أما في فيلم " عائلة زيزي " فقد وضحت سلطة الأخ الكبير سبعاوي طه على الأسرة بتحديد موعدًا محددًا للطعام، مشابهًا معدته بموتور السيارة، والطعام هو البنزين، فإذا فرغ البنزين تعطلت السيارة، وكذلك إذا حضر وقت الغداء ولم يأكل؛ فإن حاله يسوء، ومما يزيد من التعسف أنه قد حدد لكل صنف من الطعام فترة زمنية يرفع الصنف بعدها من المائدة رغم توسل سامي وأمال، أو الرائعة سعاد حسني له؛ ليسمح لهم بقطعة من المحشي، فمشهد من ثلاث دقائق في إطار كوميدي، ولكنه شرح لنا كيف تسير الحياة بهذه العائلة.

ولكن الفيلم الذي أجمع عليه الجميع في أنه لابد للمتفرج حين يأكل أن يشاهده، هو فيلم "خرج ولم يعد"، ستجد مشهد الخطيبة وهي تبحث عن عطيه خطيبها، ويخبرها مديرة وهو يلتهم ساندوتش الفول بنهم، هكذا يكون حال الموظفين في طعامهم، في حين أن الرائع فريد شوقي، أو كمال بيه قد أعد في يومين عدة موائد دسمه يسيل لها اللعاب، حين ترى الأبطال وهم يأكلون، فهذا توفيق الدقن ينهش في ورك البطة، وهذه عايدة عبد العزيز الأم أو الهانم كما يسميها كمال بيه، وهي تفصص بتلذذ لحم البط، ثم الجميلة ليلى علوى وفمها محشو بالطعام، ومع ذلك تصر على التهام المزيد، ولكن عطية، أو يحيى الفخراني لا تستطيع معدته استيعاب هذا القدر من اللحوم؛ فينقل للمستشفى ويخضع لعملية غسيل معدة، ويأتى عطية نفسه بعد أيام وهو يتحدث مع كمال بيه وأمامهما طاسة البيض العملاقة وليس طبقًا ، ويلقى كمال بك بحكمته، فيذكر "أن الأكل ده يا سي عطية لذة من لذائذ الحياة الكبرى، ومش مهم بتاكل غالي أو رخيص"، ويحثه على الطعام قائلًا: مادام معدتك أخدت على الطعام يبقى يجب عليه ألا يتوقف عن التهام الطعام."

وهناك الكثير والكثير من الأفلام والمشاهد التي يستخدمها المؤلف والمخرج لتعبر عن أفكار ومضامين الأفلام من المشاهد، وكذلك تلك التي يجسد فيها الطعام وثقافته وأنواعه وأحسن الأماكن التي تقدمه.

الأكل والسمنه

زمان كانت جداتنا في البيوت المصرية ما شاء الله عليهم حاجة تملى العين، قوام ممتلئ مع جسد متناسق، ترى في وجوههن الخير، وبين أيديهن الوش بدر منور، واللون أبيض قشطة بلون الحليب، ولا السمر، سمار العسل الزاهي تلاقيه بيقولك ياترى السمار ولا البياض أحلى؟ وتلاقي الخير بيتسرسب من بين إصابعهن، كانت البيوت كلها خير، والأكل كله خير واحدة، أيامها كان النيل لسه بيفيض ومياهه مليئة بالطمي، رمز الخير ومنبعه، تخيل يا مؤمن جاي يجري من مسافة أكتر من (2500 كيلو) شايل كل معادن الدنيا جوه المايه، ولما توصل مصر يبدأ يهدى ويوزع خيره يمين وشمال، شوية على اليمين، وشويه على الشمال، وكتير الطمي يفيض ويتراكم ويعمل جزيرة يتزرع فيها أحلى فول وعدس وفاصوليا، كانوا المصريين بيسموهم الفول البعلي؛ لأنه كان بيشرب مايته من ماء النيل المحملة بالخيرات، أيوه خيرات الطمي اللي لسه يا دوب واصل من هضاب أثيوبيا، وبينحر في جبالها، ويرمى الخير جوه المايه ويعدي على السودان، يغرف من تربتها السودة، ويحط جوه المايه، ولما يوصل أسوان الفلاحين يعملوله زفه، مش كده وبس، لا، دول يستنوا الماية لما تبدأ تشربها الأرض يرموا البذور بتاعة البقوليات، ويبدأ الجدر يطلع، ويتغذى من خيرها، وتظهر البذور، والأرض بتشرب مايتها، والبذور بتشق طريقها جوها، ويبدأ الساق في الظهور قوي وعفي، وينبت، وجدره ضارب في الأعماق وراء المياه؛ لغاية ما تزهر الساق، وتبدأ حبات الغلة والبقول تظهر، وتقطف حباية منها، وتفتحها، وتاكل الفوله، ولا البسلاية، ولا حتى سنبلة القمح، كأنك بتاكل سكر، عسل، شهد مكرر، مكانش لسه السد العالي اتبنى، فكان خير النهر بيوصل من أسوان للأسكندرية، والأكل كان بيمري على الناس، مكانتش الأمراض تقدر تقرب من أجسامنا، أصل العلاج موجود جوه خير الأرض، تاكل الطماطماية يضرب الحديد جوه دمك ويعزز مناعتك، فحل البصل كان مسكر ويمري بخيره، ما يقدرش السكر، ولا البرد يقدر يقرب منك، وإزاي بس يقدر؟ وإنتَ ما شاء الله وتد من أوتاد الأرض، لكن كان فيه حاجة تانية بتساعد على زيادة صحتك وعافيتك اسمها الرضا، الفلاح بيقوم من الفجر على الجامع على الأرض يقعد يزرع ويقلع فيها، ويقلع دي يعنى بينزع الحشائش الضارة من الأرض لغاية الغروب، ويرجع بيته تعبان من كتر الشقا، لكن مبسوط وراضي عن نفسه، وكمان راضي بنعمة ربنا عليه، كانت البيوت في القرية كلها شكل واحد، والناس كمان شكل بعض، كان لما ييجى حد

من البلد، يعنى الأرياف تلاقي مظاهر الخير جبن ولبن وطيور وعيش وفطير، وكمان حبوب من كل نوع، الناس توزع على جيرانها والكل بيتراضى، يعنى في النهاية بيكون الرضا عنوان حياتهم، لكن اتبنى السد العالي ومكانش معمول حساب حجز الطمي وراء السد مع الماية، فقل خير الماية والزرع فقد كتير من رونقه، لكنه كان لسه بيفيد الناس، كان أهل الريف لسه على حالهم من الرضا، ودخل التلفزيون في البداية كان بيعرض صور من حياتنا، وكان له مواعيد، وكمان الإرسال كان بيوصل للاماكن القريبة فقط، لكن بعد الحرب والإنفتاح وظهور السعودية والعراق وليبيا والمروحة والكاسيت الدنيا بدأت تفلت، والفلاح بدأ يقلع توبه ويلبس فالنه وبنطلون، ترنج الاتنين ألياف صناعية بتمنع تشرب العرق، وبتسد مسام الجلد، وبدأت الميكروبات والأملاح تتركز جوه الجسم ومعاها بدأت المبيدات السامة والهرمونات المسرطنه تتحقن جوه الأكل والشرب، وإحتل البيبسي ومشتقاته محل الخروب والتمرهندي وعصير القصب، وبدأت أجسامنا تتسمم، وظهرت الأمراض كلها دفعه واحدة، وجت المصيبة الكبيرة إن أولياء الأمور- في بلدنا - بداوا يفكروا في الأرخص والأسهل وليس الأصلح، والتجار والمصنعين بيجروا وراء الأكثر ربحية، الأكثر جلبًا للمال ولو على حساب الصحة، وانقلب السحر على الساحر ،يعني مثلًا كان فيه مصنع بيشتغل في الكيماويات، كان بيفرض على عماله وجبه مطهية كل يوم فيها الخضار واللحم مع الرز والسلطة الخضراء والعيش وكمان الفاكهه، وكان بيفرض على عماله إنهم يشربوا كل يوم نصف كيلو لبن حليب؛ لمقاومة تأثير الأمراض على العامل الذي يتعامل مع الكيماويات الضارة مباشرةً، فكان من الطبيعي وإنت ماشى جوه المصنع وقت البريك بتاع الشاى تلاقي العامل ماسك حبيتين طماطم على خيار على فلفل بيقرش فيهم، أو ماسك كيس الحليب وبيشربه من بوزه، كان بيعوض ضرر الغازات والكيماويات بالخضار، لغاية ما في يوم أسود قرر أولو الأمر إيقاف عمل المطابخ وتوزيع فلوس بدل الوجبه المطهية، بعدها بدات الطعمية والجبنه القديمة تغزوا طعام العامل وأصبح جسده مرتعًا للغازات المسممه، وظهرت حالات فيروسات الكبد، والفشل الكلوي، والسرطان تغزوا أجساد الرجال، وتضخمت ميزانية العلاج والتامين الصحى، ما علينا نرجع لموضوعنا.

بقولك يا سيدي ستى كانت بدر منور، قاعدة متستته في البيت والخير مغرقها، فكانت بتعمل الشهد لزوجها وأولادها، كنت تلاقي أجساد قوية بدون كرش ولا أجناب؛ لأن طعامهم كان أغلبيته بروتين على كربوهيدرات، والقليل من النشويات التي كانت تصر جدتي، ثم أمي من بعدها أن تضيف عليها الزبدة البلدي أو السمن البلدي، ولو جعان وعايز تنام تاخدلك نص رغيف مليان سمن على سكر، أو سمن على عسل وتأكله وتنام،لا يستطيع البرد أن يقربك، ولكن الدنيا بدأت تبقى صعبة، والفلوس قلت، وكمان الطمع زاد، والغش دخل بند الغذاء، فبقيت تاخد طبق الفول محطوط عليه مواد كيماوية وظيفتها تكوين مركبات معقدة في التفاعلات

الكيميائية تسمع (EDTA)، وتقدر تبحث عنها إن شئت والتأكد من المعلومة؛ ليسرع من عملية الإنضاج وتوفير الوقت والغاز، وتجد الطعمجي بيضيف عشر أرغفة داخل عجينة الطعمية؛ ليزيد من حجم مبيعاته، والمواطن البسيط لا يجد ما يسد به جوعه سوى الإكثار من العيش، أو الرز، أو المكرونة؛ ليحشوا بطنه، وينتقى الجسد كفايته منها، ثم يحول الباقي إلى دهون تتراكم داخل أجسادنا، فصرت تجد أجسادًا ضخمه، ولكنها هشه منفوخه بالصودا من البيبسي ومشتقاته، ومترهلة من كثرة الدهون المترسبه بين جنباته، وفي أحشائه فتجد الرجل ضخم الجثة ولا يزن أكثر من سبعين كيلوغرام ،قليل العضلات، وكثافة جسده خفيفه من كثرة الدهون المترسبه داخله، أو كثيفة اللحم، كثيفة الدهون بفعل الفاست فود وما أدراك ما الفاست فود.

زمان كنا بنسمي الكرش عز، أو منحنى الرباعية، ولكنه اليوم يخبرك أن صاحبه مسكين لا يجد ما يقتات به سوى الخبز، ولو كان حاف بدون غموس أو بالقليل منه، وإذا زرت حضرتك عربة فول، أو طلبت واحد فول في مطعم شعبى ستجد طبيق وليس طبق ،لا تزيد محيطة عن الخمسة عشر سنتيمتر، يعني لو عملت حلقة بأصابع يد واحدة يكون هذا هو الطبق الذي يضع فيه البائع عدد سبعة حبات من الفول والكثير من سائل بنى يدعى بماء الفول مع رغيفين وعليك أن تزيد فى حجم اللقمه وتنقص من حجم الغموس وإلا ستضطر لطلب طبقا ثانيًا بثمانية جنيهات إضافية، ثم تنهض وأنت تحاول أن تقنع نفسك بالشبع، وتتلفت لتجد أحدهم يبيع الخبز الفينو، فتسحب ثلاثة أرغفة تاكلهم حاف؛ لتشبع وتستطيع أن تعمل دون أن تستمع لعصافير بطنك التي ملت من كثرة الصوصوه وإنت لا تبالي، وكيف تفعل والعين بصيرة واليد قصيرة، وفي النهاية يشتكي أولو الأمر ـ سامحهم الله ـ من كثرة أمراض الشعب، وقلة مناعته، وينظمون حملات قومية لمقاومة الفيروس" س" لعنه الله تكلفنا بملاين الملاين، ثم يلقي باللوم على الشعب، أوليس أنت الفاعل سيدي الولى لأمري، أولستم أنتم المجرمين في حق الشعب يوم أن إستبدلتم القمح والشعير والذرة بالفرولة والكانتالوب، لا سامحكم الله.

ثنائيات مصرية

هل فكرت في يوم أن تأكل جبنة بيضاء ولا قريش حتى بالزيت والنعناع والشطة؟ مش ممكن تتبلع كده لوحدها، لازم حاجة تسندها، حاجة تفتح النفس، عودين جرجير على جعديد على شكوريا ـ ودول حاجات بتطلع مع البرسيم، إنما طعمها إيه؟ عجب ـ بصراحة مش هينفع تتوصف، حاجة كده حتصدمك مع أول لمو، ولا لو قطعت على طبق الجبنة طماطم وخيار وفلفل حراق حتوديك لحته تانية طيب يا معلم لو كان موسم الخس البلدي، وأخدت خساية مورره كده ومخصخصة: يعني ورقة خضراء طازجة ومعتده بنفسها كمان، د إنت ممكن كده تروح بيها المريخ، عرفت قصدي إيه؟ طيب خد بقى المفاجأة دي، عمك الفول الحراتي ده لما يهل عليك لازم تجهز ثلاث، أربع، خمس أرغفة بلدي محمص على طري، وجانبك قلة الميه المنعنعه، وبراد الشاى فوق السبرتاية تعبى منه وتبلع مع الأكل، هو فيه كده يا جماع؟ طبعًا فيه، طيب إيه رأيك فيه كمان الأحسن؟ ده بقى التوب فيهم، خد علبة الطحينة ورش رشتين فوق هذا الطبق المقدس، يانهااااار مش باين له ملامح كده، روح وصي على عشرة أرغفة، طيب ولو قلتلك خد الخرطة دي من الجبنة القديمة ومعاها شويتين مش اللي هو الصوص بتاع الجبنه القديمة، وتزود طحينه تكسر سم الجبنة القديمة والمش، وزود زيت بقى يا معلم وروح جيب طابونه العيش، أراهنك مش ممكن تخلص فيها أقل من ثلاثة أربعة كيلو فول حراتي، ويمكن نكمل على الغيط كله كده كده على رأى عمنا "عبد الحميد السجلى" ـ رحمه الله ـ تقعد تاكل وتلطم، أو على رأى الزعيم عادل إمام تاكل وتعيط من فرط اللذة.

طيب هل الأكلة دي عجبتك؟ طيب إيه رأيك إن الوجبه دي كانت وجبة رئيسية في بيوت أعمامنا الفلاحين قبلي وبحري، وممكن تتاكل في كل فصول السنة؟ مثلًا، مثلًا يعني لو بدأنا الكلام في أول الشتاء، يبقى جنبها البلح الأمهات، أو الرمل، أو بلح عائشة، ولو دخلت كمان شهر يشرف عمك وعمي الفول الحراتي، وده حيونسك لغاية مارس يكون الخس والجعديد والشاكوريا نورونا، تدخل كمان شوية يطلع الكانتالوب أو الأناناس، وكمان القته البلدي الصعيدي اللي العود منها يعمل متر طول وطعمها شهد مكرر، ويدخل الصيف يضرب برجله الباب فقد حضر الزعيم، البطيخ صديق الجبنة الصدوق، وفاتح نفوس الخلق وسط الحر القاسي اللي بيسد النفس ده تحط فيه صينية البطيخ الساقع، وأنجر الجبنة المقدسة السالف ذكرها، وعمودين

عيش، وبراد الشاي العائلي سادة وبنعناع، وهاتك يا نحت فى الأنجر والبطيخ الساقع كوكتيل والله لو كنت ابن مين لتقعد مربع تاكل وتلطم، أو تعيط وذلك أضعف الإيمان ومع ظهور العنب يزيح البطيخ صوانيه ليفسح للعنب مكانًا مميزًا وسط الطبية، بس حد يروح يجيب لنا عمودين عيش كمان، ويسلمنا البطيخ والعنب للشمام أو الشهد الإسماعلاوي، ونرجع الى أول السطر حيث يظهر البلح من جديد، لكن فيه حاجة أنا أغفلتها عن عمد؛ لأنها لخاصة الخاصة، سيد مائدة الغلابة البصل أيًا كان نوعه، أو لونه كان أخضر، ولا خزين يا بصل، ده بقى ممكن يدخل على أي أنجر جبنة مع الفلفل الحار؛ ليضيف إليه الشمخه المطلوبة، ويعزز من الشهية المواربه؛ لتصبح مفتوحة الأبواب على مصرعيها.

طيب بذمتك مش جوعت، عرفت بقا إن فيه غير الفجل الأحمر والكابوتشي والبتاع اللي شكل القرنبيط ده مع الجرجير الذي يجلس بجانبهم على استحياء، دول بقا خضار العيال الفافي، وكمان مينفعش يتحط منه على الجبنة ولا المش.

طيب نفسك مش جايباك وبتحب تفطر فول، ماشي يا سيدى، بص بقا، لو إنت أكيل فول والوقت مش ساعفك يبقا عليك وعلى عربية فول تكون زحمة ومحبشه، يعنى شكل صنية البتنجان المخلل طازة وتفتح النفس، تقعد في حته طرية كده، وتنقي كام رغيف من اللي قلبك يحبهم، وخدلك طلبين فول بزيت حار، وزود الزيت والطحينة، والملح والشطة وبس، وقدامك مرصوص حزمة البصل الأخضر المعتبر، وصينية البتنجان المخلل، وطبق الفلفل الحار، وجنبيهم طبق الطرشي البلدي، وبسم الله بقا مطرح ما يسري يمرى، لكن لو إنت يوم الإجازة ومراتك ولا مامتك مدمسة فول يبقا تقوم تفز وتجري على طعمجي محترم تجيب منه الطعمية المحشية ولا السادة مش مهم، المهم الطعمية تكون سخنه ونفس التحبيشة من المخللات وحزمتين تلاتة بصل أخضر وخصوصًا لو كنت في الشتاء، وتعمل بقا طبق الفول المقدس، أو أقولك خليها بقا تشكيلة فول يعني الوالد والجد أصحاب الوقار يتعملهم طبق الفول بالزيت الحلو والليمون والملح فقط لا غير، وبالشوكة تهرسه هرسة نظيفه ويتقدم بأدب، أما طائفة الشباب الحلو ده من (50-15) دول بقا تجيب سلطنية الطرشي دي تصب فيها الفول على الطماطم والبصل والفلفل الأخضر والطحينة وعليهم الزيت الحار ويتقلب يا محترم، ويتحط في النص جنب الطعمية والبطاطس الشيبسي والصوابع وحزم البصل الأخضر بجانب قطمات الفلفل الحار جدًا، تاكل وتوحوح وقطمة بتنجان مخلل تاكل فيها نص البتنجانية، ياااه تصدقوا جعت، بس متنساش إن الطعمية سخنه وبسمسم وكمان مقرمشة يا جدع، طيب لو حضرتك معاك عيال صغيرة يبقا فول بالبيض والسمنة البلدي المنغنغه وبالهنا والشفا، بس خد بالك متحطش فلفل إسود عليه؛ علشان العيال، أما الآنسات الفاتنات دول بقى ليهم زوق خاص، يعني الفول بالسمنة البلدي بس مش سمنه كتير؛ علشان الرجيم، أو فول بالزيت والبيض المسلوق برضه

ده شغال مع الكل وبيفضلوه في سحور رمضان، إنما لو إنت من طلاب صيدلة القاهرة وجنبك البغل يبقى على طول طلبين واحد حار والثاني بتقلية التوم في السمنه البلدي مع خدماته العظيمة، ومتقلقش البغل جوه السوق والست بره عندها من البصل الأخضر أطنان.

طيب ده بقى الفول المدمس، إنما إنت لو ساكن في السيدة عائشة يبقا لازم تكون أكلت الفول النابت مع العيش المحمص، والكرات الأخضر، وعيش يا معلم جوه شويه شوربة بالليمون وهي أصلًا حراقة وجواها توم ني، يعني مع الكرات حتلطم حتلطم، وطبعًا فيه أصناف تانية من الفول زي الفول بزيت الزيتون بتاع أخونا الشوام والليبيين، والفول المطبوخ بالبصل الكرفس، والتوم مع قطع الطماطم الفلفل الحار، وده الأمهات بيعملوه علشان الغداء في اليوم الأرديحي، يعني اللي مفيش فيه لحوم ولا دواجن، لكن الجيل الصاعد بيشتري إندومي بداله.

طيب يصح نقول فول وخضار ومنعديش على البصارة الطاهرة ده برضه يصح ده حتى عيب، إنت لو شفت كده من بعيد صحن البصارة وجنبها البتنجان المخلل والبصل أيًا كان نوعه ويفضل الأخضر طبعًا لازم تقعد تدوق لك صحنين ثلاثة، ده أبسط واجب يعني وخصوصًا إن العيش محمص وطازة، وبعدين دي مش غريبة، دول شوية فول مدشوش على شبت على بقدونس على كزبرة خضراء على شوية ملوخيه ناشفة ونعناع ناشف برضه، وترمي في الحلة قرنين فلفل وخلاص، يتضرب الخليط بعد ما يتسلق كويس، ويتصفى كويس، ويتغرف وألف هنا وشفا، بس متنساش إن البصل المقرمش، أو التقلية بيتحط عليها ثوم وكام ورقة من الخضره ومش حطول عليك.

لكن لو جبت سيرة الأكل ده وماتذكرش العدس الأصفر سيد موائد الشتاء وقاهر البرد طبعًا، بيتقدم سادة وبشعرية، وكمان فته ما فيش ليها حل، بس خد بالك العدس بيحب الجرجير والبصل الأخضر، تاخد صحن الفته ومعاه طبق الشوربة وتنقنق من اللفت المخلل بتاع الست الوالده والبصل والجرجير وإحتمال يجيبوك من فوق تمثال رمسيس.

لكن فيه حاجة إحنا شايفينها مشتركة في معظم ماكولاتنا، البتنجان يا جماعة، سيد المشهيات، وفاتح نفس الأفراد والجماعات، تلاقيه مع المشويات راشق، ومع السلطات عمهم، ومع الأكل الأورديحي، سيد الناس طيب حد فيكم يعرف ياكل كباب وكفته من غير بتنجان مخلل، وبابا غنوج، ولا شوية سمك مقلي، ولا مشوي، ولا سنجاري، ولا حتى طواجن، ولا جمبري بأنواعه ينفع من غيرهم، طيب شوية البامية المخدعة من إيد مراتي حبيبة قلبي تنفع من غير البتنجان، طيب طبق المحشي، ولا حتى المكرونة بالباشميل، ولا الحمراء حتى من غير بتنجان تلاقيها زعلانه، ياااه على شوية بتنجان مقلين في الزيت محطوط عليهم تقلية بالخل والثوم ولحسة صلصة تخليك تلحس طبق الفول، ولا الطعمية، ولا الست بصارة، ده حتى الكشري، الكشري ياجماعة من غير بتنجان مخلل يزعل ويحلف ويحلف براس سلطح بابا ما هو مكيفك، طبعًا ده اسمه

الكبير، وبما إننا جبنا سيرة الكشري، حد يعرف طبق الكشري السوقي وصل لكام؟(120جنيه) يا جماعه عند أبو جلامبو اللي بيحكوا عنه، طيب ما تستهدى بالله ولو جعان جيب جيب بصلاية وحمرها، واغسل حبة عدس أصفر حلوين كده ومعاهم حبة رز قدهم مرتين وحط ده على ده على ده، وشوية ماية بتغلى من البويلر، وهي ثلث ساعة وألف هناء وشفاء، مبيتبلعش، طيب ما أنت اللي مستعجل، عندك حل من اثنين، يا تجيب كام بيضة مسلوقة وتدحرجهم، وتجيب طبق البتنجان المخلل حيتنسفوا، أو ممكن تعمل البيض أومليت وتصبه فوق الكشرى وتسيبه حيطلع طاجن كشرى بالبيض أو بالفرنكو، طيب عايز تاكله بأكله تكون مخدومة، اسمع يا سيدي، حتجيب بتنجانتين تقليهم وتحطهم على جنب، وبطاطسيتين تعملهم شرائح أتخن من الشيبسي سيكا وتقليهم وتحطهم على جنب، وتجيب طاسة محترمة تحط فيها ثوم مفروم على قرن فلفل حار على شوية صلصة طماطم، وتحبشهم ملح وفلفل إسود وكمون، وخلاص كده الكشرى استوى، هات سيرفيس كبير، وفضي فيه الكشري كله، ورص البتنجان على الحرف، وبعده صف تاني الشيبسي، وفي النص إفرش عليهم الصلصة المباركة، واتوكل على الله، بس ما تنساش تدعي لأخوانك الإسكندرنية أعمام الكشري الأصفر.

أما الكشرى الرسمى في مصر هو أبو جبه، وده بقى ليه شخصية مختلفة تمامًا مش بقول لحضرتك الطبق وصل لـ (120جنيه)، خد بقا يا سيدي، تخديعة البصل، وبعده شعرية، وتغسل الرز وتحطه فوقيه، وتنقع العدس شوية كده، وبعدين تسلقه مع كام فص ثوم وشوية كمون وملح قليل، هما ربع ساعة وتقلبهم على الرز، وتقلب بقا يا معلم، ثلث ساعة كمان ويبقا تمام، تجيب البصل تقطعه حلقات أو أى تقطيعة، ومعاه معلقتين نشا وتحمره في الزيت حيطلع مقرمش، تيجلي بقا للصلصة، شوية عصير طماطم يتحط على تخديعة البصل مع شوية كمون على كسبره خفيف على فلفل إسود وشطة وتسيبهم لما يخرطوا مع بعض، فاضل الدقة، شوية ماية على تومه على نيه على خل على كمون وكسبره خفيفة وتغلي الزبون وتدوق، وتحط ملحك، اغرف وكل بقا أحلى طبق كبري، ويا سلام لو معاه شوية حمص بتاع الحلبسه يبقى عجب وسلملي على أبو جلامبو.

طيب الواحد زهق وشبع من الأكل ده، عايزين نحلي بقنا بعد ما نحرتم قلوبنا من الشطة والبصل والفلفل، لكن العين بصيرة، واليد قصيرة يبقا مفيش أحلى من شوية عسل إسود وطحينة، يا سلام بقا لو عندك رغيف فينو وتفتحه وتصب فيه من الخليط الرهيب، أنا بسميها مربى العسل الأسود، ولو لسه جايبين الزبدة البلدي ومعاها شوية عسل أبيض، ولا كمان لو ماما سيحت السمنه وتعملك ساندوتش سمن بالسكر، ولو صحتك مش ولابد، والحاجة تقرر لك ملعقة سمن على عسل النحل تقعد عليها طول النهار.

كل الأصناف دي هي سر صمود الجيل الكبير، كانت التغذية هي السبيل للوقاية من الأمراض، يعني تاكل كويس تقدر تقاوم البرد والحر والأوبئة اللى استعمرت أجسادنا الواهية، ونصرف الآلاف على الأدوية وبرضه مفيش فايدة. طيب عندى سؤال، طاجن بسطرمة بالبيض والسمنه البلدي أحلى، ولا السوسيس والهامبرجر؟ طيب رغيف الحواوشي البيتي مضمون اللحم، ولا نكش الفراخ بتاع مطاعم ما أنزل الله بها من سلطان؟

طيب بالذمة صينية فراخ بخيرها متسوية في الفرن، وعليها بصليتين، وحبيتين طماطم، وقرن فلفل، وتدهن وش الفراخ بملعقة صلصة على ملعقة سمن بلدي، وتغطيتها وتحطها في الفرن، هي ساعة زمن وتلاقي ريحتها جايبه آخر الشارع، ولما تنزل الشارع بالليل تلاقيهم بيشاوروا عليك ويقولوا الواد اللي أكل صينية الفراخ أهو، وخصوصًا لو جنبها طبق الإسباجتي الرائع، مش أحسن برضه من كنتاكي اللي خرب بيتنا؟ حتتين يعملو أقل من ربع فرخة، وخمس صوابع بطاطس، وكول سلو، وتدفع يا محترم (150جنيه)، وتقوم جعان، وصينية الفراخ أصلًا تتكلف (200جنيه) بالمكرونة والحبشتكنات بتاعتها، ولا الهامبرجر ذلك الساندوتش عديم الفائدة اللي علشان يبيعوه ويستكردونا يحطلك صوص الصويا، ولا الترتار، ولا مش عارف إيه؟ وفوقها شريحة جبنة مطبوخة، لما والدتك تحطها في ساندوتش تقولها لا إيه القرف ده؟ يعني قرف ماما وحش، وقرف ماك ركروم حلو وتاخده بـ(200جنيه) يا فسل، يا فاسق، يا عديم المسؤولية، طيب قول للحاجة تعملك صينية كفته، ولا لحمة مفرومة، يعني لحمه بحق وحقيق، وتاخد منها جوه رغيف مدور من الفرن الأفرانجي اللي على الناصية وتحط الجبنة المطبوخه بتاعة الصبح، وشريحة طماطم، وكمان بصل، وورقة خس مش دبلانه، وحط ياعم الكاتشب، وصوص التارتار، والبتاع اللي كله خل ده وكل ياعم وخد ال(200جنيه) أنزل أتفسح بيهم، مش أحسنلك برضه؟

ومش عايز أدوس في الكلام؛ علشان المتعصبين، لكن بذمتك مش جعت، ولا الكبده والمخ والجمبري، يا نهار مالوش ملامح كيلو الكبده المستوردة بكام يا جدع؟ والمخ كامل بكام؟ وكيس الجمبري المجمد بأمارة ما بتلقيه حادق قوي، بس بيخبوا الحدق بتاعة بخلطة القلي بتاعة، طيب لو حضرتك جبت كيلو كبدة مجمدة شرائح، ومخ كامل من عند الجزار، وكيلو جمبري بلدي، حتتكلف كام (500جنيه) حتقعد تاكل فيهم غداء وعشاء، والباقي ساندوتشات تاخدها معاك الشغل، لا وبخيرها، ده لو كان في الكبدة المستوردة خير يعني، لكنها نفس الكبدة بتاعة برة، بس هو بيشتريها بالكرتونه أرخص منك بالثلث، ولو فكرت تشتريها من برة حتدفع (300جنيه) كبدة،(450جنيه) مخ (400) جمبري مع سمك فيليه (300 جنيه) يعني (1450) في نفس الأكله يا محترم، طيب أنا بقول الكلام ده ليه؟ لأن انعدام الأمانة في أكل المطاعم خلاهم يخسروا الثقة فيهم، ولو مش مصدقني أقولك روح اتمشى في المدبح القديم في السيدة

زينب حتشوف إن القراقيش بتاعة الدبيحة مع لحم البطن مع حاجات كتير مفيش داعي للكلام عنها، كل ده بيتحط عليها توابل برضه مش متنقيه وتدخل مفرمة مع شوية لون خفيف تطلع أحلى كفته وبتتوزع على معظم محلات الكباب والكلام ده كله من لسان كبابجي صديق بينصحني بلاش كباب برة، ده غير باقي أدوات الغش في معظم ماكولاتك، يعني السادة الأفاضل اللي بيقولك أحلى موزة عند فلان تصدق وتآمن بالله وإنت بتعمل عمرة إن شاء الله، أو تروح تتفسح في الرياض لو مش مسلم، ادخل محل كباب مصري حتلاقي يافطة كبيرة مكتوب فيها إن جميع اللحوم مستوردة من ثلاجات مثل المنجم، أو أي مستورد ثاني، تاخد ريش، خد مجمد، تاخد موز، خد مجمد، تاخد كباب خالي الدهن موجود ومجمد وهكذا، ده حتى الفراخ عندهم مجمدة ومستوردة،: و محلية بس المستورد أرخص، والكلام ده أنا قرأته بعيني في أكثر من محل هناك، أصلى عشت هناك شوية يعني أنت بتاكل زي كل الخلق في كل العالم، لحم برزيلي، أو هندي، أو.. ، أو.. إنما مش بلدي، ومتهيألي كفاية كده النهاردة.

خروجه شبابي

لو لاحظت حضرتك إننا كشعب إجتماعي بنحب الناس واللمه دي شيء أساسي في حياتنا، يعني مثلًا لو كنت بتحكي حكاية وبطلها عمل حركة جريئة زي إنه يغفل عدوه، أو يضربه نوك أوت في دقنه من تحت ويبقا انتصر في خناقة، أو حتى علق البنت وخلاها تحبه، بيكون رد فعل الرجالة: هو التصفيق، يعني يحط صوابعه في فمه ويصفر، وكمان يسقفله زي زمان لما كان فريد شوقي يضرب العصابة لواحده في أفلام سنيما الترسو، وقبل ما يبدأ الضرب يبص للجمهور ويقول صقفه النبي، فتلاقي حضرتك الجمهور كله يصقف على اللي بيصفر، وإحنا عارفين أنه فيلم تمثيل يعني ومش حقيقي، لكن برضه كنا لنقله، مش ملك الترسو، أما إذا كان في ستات قاعدين فدول بقا بيزغردوا، أه والله زي الجميلة زينات صدقوً ما كانت بتعمل مع فاتن حمامة في فيلم القلب له أحكام، وهي بتحكيلها عن أحمد رمزي لما هي نجحت وعلقته وطلب منها إنه يقابلها في جنينة الأسماك، وهي تسمع وتزغرد، ولا في فيلم شارع الحب لما كانت دايبه في دباديب حسب الله السادس عشر، وبين كل زغروطة وزغروطه، زغروطتين، إحنا كده لما نفرح بنزغرط ولما نزعل نرفع بالصوت، فعلًا كنا كده عادي، إنك تكون قاعد تسمع صوت زغاريط، فتبتسم وتدعي من قلبك ربنا يفرح قلوبكم كمان وكمان، حاجة كده تلقائية زوؤ سلاموا عليكم، وعليكم السلام.

مثلًا واحدة جابت فستان جديد وفرحانه بيه، تقوم راقعة زغروطة عند الخياطة، حاجة كده من فرط الفرح، ابنها اسم النبي حارسه وصاينه نجح في الامتحان ترقع زغروطة، بس منغمه شويتين، ولازم تكون في البلكونة، وفى ثوانى تخرج الجارات للبلكونات، خير يا أم فلان؟

ـ اسم النبي حارسه، فلان ابني نجح في الامتحان وتنتشر الزغاريط في الحارة، مشاركة إيجابية، يعني أذكر أنني كنت بعافيه شوية في المذاكرة، وأنا في الشهادة الاعدادية، وفي قاعدة صفا، أمي ـ رحمها الله ـ، قالت حقًا يا محمد لو جبت فوق المائتين في النتيجة حتاخد مني مني جنيه، وطبعًا كنا في سنة سبعة وسبعين (1977)، والجنية ده كان بقيمة ألف جنية دلوقتي ويمكن أكثر كمان، المهم النتيجة ظهرت، وأنا جبت (210.5 من 260) وده تقريبًا كان من أعلى التقديرات في حياتي، وفي الحته بتاعتنا، الحارة يعني، فقامت أمي خارجة على البلكونة ورقعت كام زغروطة، بس إيه من قلبها، وخرجوا الجيران: خير يا أم ناهد.

ـ ابنى أسم الله عليه، محمد نجح بتفوق، عقبال أولادكم ما ينجحوا بتفوق زيه وبس، قبل المغرب كنت بفرفر من السخونة، وقعدت شهر كامل طريح الفراش والدواء بيرخ فوق دماغي، وهي قاعدة يا حبة عيني جنبي تعيط، وتقول حسدوك يا ضنايا وإنت نجمك خفيف.

المهم دي كانت أول مظاهر الفرح يعقبها حاجة من الاثنين يا نبل الشربات، يا نفتح حاجة صاعقة، وبعد هذه الحادثة المشهورة، كانت الحاجة تفرق عيش وفول نابت مع طعمية بيتي، كل واحد رغيف، أصل اللحمة كانت غالية علينا وقتها، وبعدين هو حد طايل.

أما بقا خروجات الشباب فكانت تعتمد على المرحله العمرية، يعني ابتدائي، أخرنا الحارة، وميدان السيدة على خفيف مع طبق كشري مالهوش ستين لازمة، وكان بينتهي دائمًا أننا نغرق الطبق شطة ودقه ونشربه بطننا توجعنا، ومفيش مانع من كوب عصير قصب، حبة حلبسة من سوبيا توتو، أو بليلة في الشتاء، إنما فيه عيال اكتشفوا حد بيبيع خروب وتمر هندي وسوبيا، وكان التمر الهندي مزز قوي، فكنت بفضل عصير القصب، وفي يوم من الأيام كنت ماشي ناحية مدرسة السنيه الاعدادية، لقيت محل بيبيع عصير بالصودا، وكانت الكوباية بتلاتة تعريفه كان اسمه بيازيد وبقا إدمان، لكن لما خرجنا للدنيا في المرحلة الجامعية، خلاص بقينا طلبه مش تلاميذه، وعندنا محاضرات مش حصص، وأخيرًا المدرس بقا اسمه الدكتور، ده غير إننا خريجين من مدارس حكومية، يعني فيه بنين وفيه بنات، لكن في الجامعة كله مع كله، وطبعًا لأن الحكيم قال: إن الطيور على أشكالها تقع.

فعلًا لقينا نفسنا بنتلم على بعضنا، كلمة من هنا، على سلام، على ساكن فين؟ وخلاص إتلم المتعوس على خايب الرجا، وبقينا مجموعات، مجموعات والدنيا بتمشي، وفي الجامعة زي ما حضرتك عارف في الجامعة مفيهاش فسحة وإحنا لما الساعة توصل عشرة بنكون أكلنا مرتين وبنشوف الثالثة فين؟ فبدأنا نعسس لقينا كافيتيريات، لا، بس منتشرة في الجامعة، وماشاء الله فاضية بتنش، مع إن أسعارها أرخص من برة كتير، لكن رتوش، قلة الزوق في التعامل، وتقديم الأكل بدون خدمه، يعني من غير سلطة، ولامشهيات، ولا كاتشب، ولا مايونيز كل ده، خلى الزباين تطفش، وقررنا نخرج من محيط الكلية، فسرحنا لقينا حقوق وآداب، ودول مكانوش فاضيين للأكل، فسرحنا إلى الشمال حيث تجارة، وما أدراك ما تجارة الحب والشباب والحنيه والأكل وكله تمامًا، وفعلًا كان عندهم كافتيريا "دقة "، وده كان بيعمل ساندوتشات فول وطعمية، عجب، تمام أول حد نعتمده، وبصينا برة الجامعة ناحية بين السريات لقينا كام كافيتريا بتبيع أكل، خلينا أنفنا دليلنا وفضلنا ماشيين بنبص على شكل المحل ونضافته وريحة الأكل عندهم لغاية ما لقينا صبري واستقرينا على المحل الرسمي للفطار والغدا، وخصوصًا إنه كان عنده كل حاجة ابتداءً من الفول والطعمية لغاية البرجر، لكن ده مكانش بيمنعنا إننا نمسى على دقة في الطريق بستأة أو نقنقه، يعنى زي ما قلت قبل كده، وكده إستقرينا على

التموين، وكانت المعامل عندنا في الأدوار العليا، وتطل على فناء تجارة، وإحنا علوم ريحتنا مش بتعجب زمايلنا في التجارة، الناس اللي تحس أن قلوبهم خسايه خضراء، وعلى قلبهم مراوح، وإحنا قاعدين أقصد واقفين في المعمل بنشم روايح أجارك الله مش عارف من الكيماويات، ولا من الطلبة، ولا من الإثنين، ننزل بقا ببالطو أبيض، أو كان أبيض زمان، وريحتنا كلنا زفت، سوري يعني، بس دي مش شتيمه لا قدر الله، ده وصف بجد، المهم كنا بنحس بالخجل في البداية، لما نوقف كام شاب وبنت، وتصادف وقوف شباب تجارة، وتسمع حد منهم بيقول: فيه ريحة وحشه يا جماعة.

لغاية ما يلمحونا ويتاكدوا من مصدر الروائح اللي مش ولابد، فنتكسف ونعتذر وبعدين بطلنا كسوف وإعتذار واللي مش عاجبه يمشي من المكان، مش كفايه إني واقف مع زميلتي الحاج عبد الغفار بنرج في قمع الفصل وهما تحتينا بيلعبوا صلح وأفلام، كنا ناقمين عليهم بجد، لكن نقول إيه دي أقدار، ناس ليها بخت وناس ليها ترتر، المهم أخونا صبري كان هو العزاء الوحيد عندنا، كان بيمتص غضبنا بساندوتشات الكبدة الاسكندراني، والسدق بالشطة، ومعاهم كام زجاجة حاجة ساقعة، وبصراحة كنا زباين لقطة، يعني أقل حد كان بياكل من (8-10) ساندوتشات مع 2ساقع صاروخ، فكان بيعمل الواجب، يعني يمشينا على طول، وهو بيقول للزباين أصلهم مزوغين من السيكشن؛ علشان ياكلوا، فأصبحنا سيئ السمعة كمان إلى جانب ريحتنا، المهم الشله السو دي كانت كلها من السيدة، فخلاص نروح الجامعة، وغالبًا كان عندنا شيتات امتحانات في كل سيكشن، فنروح الجامعة الصبح، ونروح نتغدى ونريح شويه، ونكد على إخواتنا البنات، وبعدين ننزل نروح لبعض؛ علشان نذاكر وفي الغالب كنا بنذاكر، ما هو ما ينفعش تبقا في علوم، وتسقط؛ علشان تطول، فترة إقامتك فيها سنة ولا اثنين، مش آداب، إحنا علشان نستمتع بالحياة في الجامعة، ده يا مؤمن يوم ما الكلية عملت رحلة لينا، لفيناعلى مصانع مصر واسكندرية وكفر الدوار والغريب أن كل المهندسين اللي كانوا بيستقبلونا كانوا دفعة (1967) دفعة النكسة، كانت فعلًا مفارقة غريبة، المهم كانت المذاكرة إجبارية، والحمد لله أنهينا الجامعة على طول، لكن الحاجة المهمة اللي افتقدناها فيها، كانت عم اسماعيل وصبرى، عم اسماعيل بتاع الشاي وساندوتشات البطاطس في بدروم القسم، وطبعًا صبري صديق الطلبة، لكن مش فاكر إني دخلت مبنى القسم بتاعي من ساعة ما اتخرجت، حتى الدراسات العليا كان في جامعة تانية، أو في كلية تانية، واخد بالك إنت، كلية من اللي الريحة فيها حلوة.

دى كانت أيامنا، ودي كانت فعلًا حياتنا، وده كان ملخص سريع، لمراحل عمرنا العامر، كان الزمن فيه بيساعدنا على الهدوء والإستقرار، كان الراديو هو أداة التسلية لينا، وكان صديق صدوق فعلًا، كنا نبدأ المذاكرة العصر على أغنية أم كلثوم الساعة ٥ وتنتهي المذاكرة الساعة

10، وخلال الفترة دي بتسمع أغانى لمطربين بجد وكلمات وأصوات وألحان، كنا بنتعلم من لغتنا الجميلة للرائع فاروق شوشة، وفي زيارة لمكتبة فلان، كنت بأسمع لمختلف أنواع الثقافة، كنت تسهر بعد 12 تلاقي الراديو أتحول لكائن عملاق يتجول بك في مختلف مناحي الثقافة والعلم والفن، أعتقد إن أيامنا زمان على فقرها كانت أحسن وأرقى من جيل جوجل وحسن شاكوش والواد التلح اللي أتمنع من الغناء، أيوه واسمه روبابيكا، بس رجعوه أدب لينا.

أكلات حريفة الطبيخ

وزي ما قلنا قبل كده، كنا كلنا في نهاية الستينات والسبعينات، وبداية الثمانينات زي بعض، دنيتنا واحدة، أكلنا واحد، هدومنا واحدة، ألعابنا كمان واحدة، ده حتى خروجاتنا واحدة، يعني مثلًا يطلع اقتراح إننا نخرج نشم الهواء بره البيت، طيب تروحوا فين؟ لو فيه أطفال تبقى جنينة الحيوانات، ولو الدنيا شباب على كبار يبقى الأرمان، أما بقا لو مخططين وناوين على سهر يبقا الأندلس أو الحرية؛ علشان بعد الجنينه نطلع على ممشى معين كده عند النيل، الهواء فيه يرد الروح، زماها السميط السخن والبيض والدقة، وطبعًا خروجة زي دي يبقا كام عيله مع بعض، وحلة المكرونة المتينة، مع طن بطاطس محمرة واثنين كيلو كفته بيتي من مشتملات السلطة الخضراء، وكام ملايه من بتوع المحلة الكروهات دي تتفرش على الأرض، الكل يقعد، الرجالة يقعدوا متطرفين، والحريم في القلب، قلب القاعدة مش قلب الرجالة، ويطلع العيش الطازة، وتدور ساندوتشات الفول والطعمية، وبعدها كله ياخد طريقه، اللي يجرى على الحيوانات يتفرج ويلعب معاها، واللي ياخد الكورة، وهات يا لعب، والبنات الكبار بقا تدور لها على كنبه ظله، وفي إيدها قصة من بتوع عمنا إحسان وتعيش فيها، والأمهات قاعدين يصبوا الشاي للي عايز دنيا رايقة ولذيذة، والناس حوليك بتعمل نفس اللي بتعمله إنتَ وأهلك، مش قلتلك كانت دنيتنا واحدة، وحاجة تانية عندك مثلًا ما كانش فيه حاجة إسمها مصيف غير للفئات اللي شغاله فى شركة أو مكان فيه نقابة، وكانت المصايف في مصر تبقى إسكندرية، رأس البر، جمصة وبلطيم وبس، مرسى مطروح كانت مجرد محافظة حدودية، مشوارها يوم كامل بالقطار، واتوبيساتنا في مصر تعبانه على طول؛ لدرجة إن الشركات الكبيرة والمصانع كانت بتقفل العربيات اللوري وتفصل جواها دكك يقعد عليها الناس في الصندوق بدل البضائع، كنا لسه بنخطو خطواتنا الأولى نحو الإنفتاح، أيوه هو ده بتاع المنطقة الحرة في بورسعيد والجمارك الموجودة على مخارجها، وأى حد معاه حاجة جديدة ومش لابسها تتجمرك، وكان المهربين بيهربوا البضائع بطرق كثيرة، لكنها في النهاية خلت الشعب كله يلبس هدوم جديدة بأزواق أوروبية، لكن الأهم هنا هو علب الكومبوت خوخ وأناناس، واللبان التريدنت نعناع والمقتدرين كانوا بيجيبوا تفاح أمريكانو بجد، ده قبل ما يكتشفوا اللبناني، وفي الوقت ده كنا يا داخلين الحرب بتاعة أكتوبر (73)، أو لسه يدوب بنخرج منها، فكانت الحاله ضنك الضنك،

كانت اللحمة البلدي بـ (3 جنيه)، ولحمة الجمعية بـ (68) قرش بس طبعًا لا وجه للمقارنة بين البلدي والمستورد، وكمان علشان تجيب كام كيلو من المستورد يبقا تصحى من الفجر تلحق لك مكان في طابور الجمعية، كان فيه طوابير طويلة كلها عواجيز وأطفال، الواد من دول أمه تصحيه من أحلى نومه يوم الجمعة؛ علشان يقف في طابور اللحمة ولا الفراخ أو البيض كانت الأسعار بتفرق كتير والحكومة عارفة إن الشعب غلبان، فكانت أرباحها تكاد تكون منعدمة والدنيا غالية وإحنا غلابة ، مش زي الأيام السودة اللي الحكومة بتدخل تعلى على أسعار المستوردين وهما يعلو علينا، وإحنا قاعدين في النص بنتطحن من ده ودول، ولما الناس تستوى الحكومة تعمل سرادقات وأكشاك ترخص فيها عشرة جنيه عن السعر اللي هيا معلياه أساسًا، وفرق المطبلطيه يطبلوا، وفرق الهجوم الالكتروني، يتهمونا بالخيانة وهي ماشيه لغاية ما الأجل ينتهي وصدق اللي قال: إن ربنا حيغفر للمصرين؛ علشان أخدوا عذابهم في الحياة الدنيا على يد حكامهم، وكانت الطيور عند الفرارجي برضه غالية، فكلنا كنا عايشين على حاجات الجمعية التعاونية، لكن الأسبوع سبعة أيام، ممكن يوم لحمة، ويوم فراخ، ويوم سمك بلطي من الجمعية برضه بـ (16قرش) الكيلو، تجيب سمكايةٍ من بتوع أسوان (5 كيلو) بثمانين قرش، والتنظيف عشرة يبقا (90قرش)، وعشرة عيش وجرجير، وتبقا كده قضيت وتاكل وتتهنى أصلك حتشبع، ولكن كان فيه أربعة أيام باقيين في الأسبوع ولازم الناس تاكل، وهنا تظهر سوبر ماما، يوم بقا كشري، ويوم عدس، ويوم بصارة، ويوم شكشوكه، لكن الست الناصحة كانت تزود في الطبيخ؛ علشان يكفى يومين، فكانت تغلي الطبيخ بالليل، وتقوم الصبح تغليه برضه؛ علشان ما يحمضش ـ كانت الثلاجة لسه منعرفهاش ـ، ولو حمض الطبيخ لا قدر الله يبقا أكل للفراخ اللي بتتربى فوق السطح أو في البلكونة، أو تدمس شوية فول في الدماسة وكانت بتقعد طول الليل، أو تولع عليه بعد الفجر ويستوى على ميعاد الغداء، وتاكل بقا شوية فول بالزيت والليمون، أو بالزيت الحار والطحينة، أو بالبيض المسلوق، أو المقلي بالسمن البلدي، أو حتى بالتخديعة بعدها، لا مجال للأكل بعدها لمدة (24ساعة)، لكن الطعمية والبتنجان والمسقعة دول مش أي حد يعرف يعملهم، فكانت الحاجة ـ الله يرحمها ـ تجيب كيلو فول مدشوش، وحزمتين شبت، على بقدونس مع حزمتين كرات، على شوية كسبره ناشفة وخضراء، وبصليتين حلوين، وتنقع الفول المدشوش ليلة كاملة، بعدها يتصفى ويتحط في صفاية، ويتقطع فوقه الخضرة، ويتم إستدعائي لتلك المهمه المقدسة، فأخرج المفرمة اليدوية وأربطها في رخامة المطبخ، وأبدأ في فرم المكونات على الوش الضيق، أحط الحاجة بيد وألف الدراع باليد الثانية؛ لغاية ما يخلص الوش الأول، ثم نبدأ بالوش الثاني؛ لغاية العجينة ما تبقى ناعمه وتتسلمها الحاجة اللي تكون عملت كام طاسة بطاطس محمرة، وبعدين تحط خلطة التوابل، وتبدأ بالتحمير، وتطلع روايح مفيش ليها مثيل، ما هي دي طعمية الحاجة أم ناهد،

ويرجع الحاج وتتحط الطبلية، ويتصدرها طبق كبير مليان طعمية بالسمسم وسخته بتوحوح، وطبقين بطاطس شبسي وصوابع، وطبق على جنب كده معمول فيه عجيتين بالبيض البلدي خدمة خصوصي للحاج، ومعاهم سلطة طحينه خفيفه، وكام حزمة فجل وجرجير وبصل أخضر، وسلطة خضراء، كانت الوجبة دي مع إنها مجرد طعمية إلا إنها كان ليها مشجعين كثير، أولًا: لأن نَفَس الحاجة مميز، وثانيًا: لأن كل الجيران يبنزلهم طبق طعمية خصوصي، وثالثًا إننا كنا نتغدى منه ونتعشى، وساعات كمان نفطر منها ثاني يوم، كانت بصراحة أكله بتعمر الدماغ مع إنها طعمية، أما المرتبة الثانية في طعام الناس الطيبين هو الكشري، لكن ده مبيتعملش غير لما يكون الحاج نبطشي، أصلهم في الصعيد مبيعترفوش بأي أكل مفيش فيه تغميس بالعيش، وبناء عليه يبقى الكشري لما يكون هو بايت بره، لكنه كان من الأكلات المميزة عندنا، كانت الحاجة بتعمل حلة كبيرة وبرضه بيتوزع منه على الجيران، وده رفيقه الوفي كان سلطانية الطرشي بالدقة الحراقة، وتاخد طبقك بالصلصة وتغرف فيه معلقة من شطة الزيت الموحوحة، والتقلية المقرمشة، وتقلب وتعيش بقا فى دنيا الوحوحة؛ لأنك تاخد معلقة وحتة طرشي، أو قرن فلفل حراق ومعاها شفطتين ماية طرشي بالدقة، كنا بنفضل ناكل فيه لغاية ما بطنك توجعك؛ لأن كلمة الشبع مش موجودة في عالم الكشري أساسًا وطبعًا العشاء منه ويمكن يتبقى للإفطار، لكنه لازم يخلص؛ علشان غدا تاني يوم بيبقى، مميز أصل الحاج راجع من النبطشية هفتان.

ونيجى بقا لأكلة الشتاء المميزة، ودي بقى بتتعمل بتعليمات رئاسية، يعني الحاج وهو بيلبس هدومه الصبح؛ علشان يروح الشغل ويرى أن الجو بارد في هذه الأيام يبقى نعمل عدس يا حاجة، وهنا ترى الإبداع، فالمائدة تتوسطها صينية فتة العدسات ودي بتبقى بالشوربه السادة، وجنبها سلطنيتين الأولى للعدس أبو تخديعة ومعاه شعرية، وده للغموس لمن لا يهوى الفتة المباركة، والثانية سلطانية الطرشي بالدقة الحراقة، وطبعًا البصل الأخضر والجرجير مع الفجل والخس البلدي، وعيش بقا يا عم الحاج، أما الشكشوكة فهذه الأكلة يحتار في أمرها الكثيرين، فمن يأكلها اليوم يضرب عن أكلها، ليس لأنها وحشة، لا أبدًا خالص، هي الحكاية إنك ما لقتش حد يعمهالك صح، لازم تعرف إن الشكشوكة من الوجبات الخاصة جدًا، فهناك التخديعة والتحبيشة والإضافات لإجبارك على أكل الصلصة أو الدمعة بشراهة وليست شهيه فقط، فالطعم الموزون من تقلية البصل، ثم الفلفل الحار بخليط من السمن والزيت، ثم فنيات تفقيش البيض داخلها، ثم إغلاق الحلة مع تهدئة النار تحتها، ثم زمن التسوية ينتج عنه تخديعة ولا في الأحلام، ثم إن خروج البيض من داخلها وكأنه مسلوق وليس مجرد بيض وضع في الحلة بدون عناية، فإن أنتَ كسرت بيضة واحدة كان في ذلك نهاية حلمك، فقد قضت زفارة البيض على شمخة الطبق، لذلك مش كل من فقش البيض في حلة الشكشوكة طباخ، فالحاجة كانت

تضع البيض بالعشرة بيضات، حتى لا يتسع مكان للمزيد، وعند الغرف تجد الصلصة بخيرها وبدون زفارة مع وجود بيضتين بيضاويتان، أبيضتين ترقد فوق الصلصة الشهية، فتضع البعض منها فوق صحن المكرونة المقصوصة المصنوعة بأبجاديات المكرونة الموجودة في حفائر أجدادنا الفراعنة، حيث تحوي داخلها مربعات البصل المقلي والشطة الحراقة طبعًا، وبجانبها سلطانية الطرشي بالدقة الحراقة، يااها عالم ثاني، وأخيرًا إذا حالفك الحظ ودخل بيتك، يبقا أكيد أكلت صحن مسقعة كدابه، يا هوووو، شوية بتنجان مقليين بس إيه عجب، مش محروقين، ومش نايين، لا متسوى بمعلمه، ومعاهم شوية قرون فلفل من اللي مات أبوهم، والتخديعة التمام، والنار الهاديه، وجنبك كام رغيف مفقع، وحزمتين، ثلاثة، عشرة خضره، جرجير على فجل على بصل أخضر مع طبق كبييير بطاطس محمرة، وكام لتر حاجة ساقعة صاروخ، واوعدك إنك حتقوم بعدها تلطم، كل ده كلام عظيم، لكن الأعظم فيه إن قاعدة الشيء لزوم الشيء بنطبقها صح، عندك مثلًا طبق الكشري المصري بالعدس اللي بجبه، إحنا قلنا مشتملاته لكن فيه تفصيله مهمه مش أى حد بيعرف يعمله، وهي بقا حبة عدس يتشالوا على جنب كده وبعد المغرب يتعمل تخديعة البصل والثوم مع الفلفل الحاراق، ومعاهم كام طمطماية متقطعين ويتسابوا لما يتسبكوا بجد وهوب ترمي جواهم شوية العدس مع بيض مسلوق، ويتلم العيال علشان عشاء ملحق الكشري، شوفت بقا إزاي، طيب مع الطعمية البيتي كام بيضة مسلوقة تتقسم بالطول نصين وتتغطى بالطعمية؛ علشان أطفالنا أحباب الله يحبوها وكنا بنسميه القنبلة، وطبعًا مع عمك الكشري تلاقي حلة حمص الشام بشرابها المميز مع عصرة الليمون، وبالمعلقة تاكل الحمص، وتبلع بالشراب الساحر، هي تحابيش وليست تفاصيل، لها معنى واحد، إن الأم زمان كانت بتهتم بصحة أبناءها وتغذيتهم.

زهقت طيب، خد عندك الحدوته دي، كانت أختي الكبيرة رفيعة ومسلوعة وبتاكل بالعافية وفي مرة الدكتور عاتب أمي، البنت دي عندها أنميا لازم تتغذي زي إخواتها، تسكت الحاجة أبدًا، كنا في المدرسة الإبتدائية في الفترة المسائية، وكانت الفسحة الساعة حوالي اثنين ونص، فكانت الحاجة تستنى وقت الفسحة ومعاها لفتين ساندوتشات، إيشي محشى كرنب، ولا مكرونة، ولا حتى بطاطس محمرة، وتنادي علينا وتقعدها قدامها تاكل أكلها لما يخلص، أما أنا فكان مصطفى صاحبي هو اللي بينتظر أمي ويقولها هاتي يا طنط أنا حوصلهاله، ويأخد واحد ويديني واحد، تقريبًا هو كان مصاحبني؛ علشان السندوتشات، ها إيه رأيك البت سمنت وفلبظت، وإحنا اتنغنغنا على حسها، والأم هي الأم بتتعب علشا ولادها.

الفته "مسمار البطن"

بيقولوا في الأمثال "الفته صواميل الجته"، كلمة سمعتها من المرحوم عبد الفتاح القصري في فيلم كان تسمه مليون جنيه،وكان فيه الحوار ده من فيلم مليون جنيه.

ـ يا معلم مرزوق، يا مخزن العنب والمنجه والبرقوق.

يا عيون مرزوق، يا مرات مرزوق شبيكي لبيكي.

ـ تنشبك بالعز وتتعشي بالوز يا قااااادر يا كريم، عايز تتغدى إيه النهارده يا سبعي؟

ـ دلوقتي أبعتلك جوزين من الكوارع العجالي اللي بيشرررر سمممممن.

ـ يوووووووه هو مفيش غير الكوارع العجالى.

ـ آمال هبعتلك إييييه؟ كوارع مستر وليم، الكوارع العجالي تخلي الواحد زي العجل، إسئليني أنااااا.

ـ نهايته، وعايزني أعملك عليهم إيه؟ فته.

ـ لااااا، إعملي عليهم مندبه.

ـهااااا، هااااى حلوة منك يا معلم.

ـ دول بيقولوا في الأمثااااال الفته صواميل الجته.

حوار لطيف خفيف بين القصر الملكي والجميلة وداد حمدي.

حوار بسيط بين زوجين في حي شعبي، لكنه بيقول قد إيه العين كانت مليانه للزوج بزوجته وللزوجة بزوجها، بتتشبه جوزها بمخزن العنب والمانجه والبرقوق، والرد شبيكي لبيكي يا عيون مرزوق، الناس كانت رايقة، أخدت بالك إنت إن الكلام ده كان في الشارع، هي بتناديه من البلكونة، وهو واقف في وسط الشارع بيكلمها ويرد عليها، لأ وبيباكلوا صح، كوارع وفته ووز، والفاكهة كانت المانجه والعنب والبرقوق، يعني كانوا بياكلوا أكل بشواتي، وفيه حاجة تانية، الناس كانت شبعانه، كلهم شبعانين، مش خايفين من الحسد، جايز لأن الناس كلها في الزمن ده كانت شبعانه، وجايز لأن الجيران كانت بتهادي بعض بالأكل والفاكهه جايز، لكن النتيجة إن المزاج العام في المجتمع ده كان حلو.

وعلى ذكر الفته الصديقة الصدوقة لأي أكيل لازم تعرف من حيث المبتدأ إن الرسول ـ صلى الله عليه وسلم ـ قال: "بارك الله في الثريد " أي الفته، ثانيًا: إن الأفراح في مصر كانت الوجبة

الرئيسية: هي الفته واللحمة، أو الزفر، وممكن تفتكر كده حوار العمدة مع البت فاطنه إلا لو اديتك أعطيتك يعني دكر بط، كنت عملتى بيه إيه؟ كان أول كلامها أنجر فته قد كده، يعني على كده ده بقى تبقى الفته عندهم هي أكل الناس الكبارة، حتعز جوزها وأولادها وتبرهم بأنجر فته مع دكر البط، وكمان الست لما ذبحت خروف لله، صواني الفته كانت بتتوزع على أهل البلد، وفوقها هبر اللحمة، وكتير من ده تلاقي، ده حتى أبو زعيزع بتاع الأغنية، كان بيطلب من مراته تعمله فته بدمعه مع لحمة كمونيه، يعني بالنسبة لينا كشعب الفته: هي الصديقة الصدوقة لبطون المصريين، بلاش نقول كروشهم.

وعلشان الأزمة الحالية، وارتفاع الأسعار لدرجة أن البطة بقت بألف جنيه، وكيلو اللحمة بخمسمائة جنيه برضه، فبالشكل ده صار المصريين ممنوعين من الزفر إلى أن يقضى الله أمرًا كان مفعولًا، يمكن لإننا تركنا الدين والصدقات وزاد فينا الطمع والجشع والفساد، يعني يبقا كده ربنا بيشد لينا ودننا؛ يمكن نرجع ليه، فيرضى عننا، وبعدها يرجع لينا البركة والرزق إللي إتمنع عننا؛ بسبب أفعالنا.

المهم خلينا نبدأ بفتة العدس ودي أهونهم، حبة خضار مع ربع كيلو عدس أصفر مع بصليتين يتشوحوا في شوية سمن، ولا دهن، أو حتى زيت، وكان الله بالسر عليم، يتصبوا على لقمتين عيش، كان ناشف ومقمر في فرن البوتاجاز، أو على الطاسة مع معلتين سمنه، وتصب ده مع طبق شوربه محترم، وسلطانية طرشي وكومه خضار، فجل على جرجير، ومعاهم حزمتين بصل أخضر، كده تمام أوي، بس ابقا سلم لي على قولونك؛ لأن العدس سره باتع، والبصل بيطرقع في النافوخ ومش راح يهدى غير بكوباية شاى حبر، وبيزعل قولونك حبتين.

وطبعًا الفته المفتخرة بتكون مع اللحوم والزفر مع شوية دمعه، أو تخديعة من اللي وصى عليهم الحكيم لقمان بعد من تسقي العيش المحمص بالشوربة المباركة، تحط رشة سخية من تخديعة الطماطم مع البصل مع سنة الثوم؛ علشان الشمخه، وبعدها تنزل بالرز المبارك المسقي بدهن الزفر، ولا اللحم الملبس، السابح داخل حلة الشوربة، وبعدها تنزل تاني بباقي التخديعة المباركة؛ علشان تاكل وتدعيلي.

لكن الفتة بتاعت القصري والست وداد دي مختلفه، ليه بقا؟ أقولك: هو المعلم مرزوق مش قال لها: "جوزين كوارع عجالي بيشرووو سمن"، طيب السمن ده مش ممكن يخلي نفسك تجزع؛ علشان كده كان الحل كان في الفته، وهنا لازم تعرف أن فتة الكوارع دي بتبقى بالخل والثوم؛ علشان تكسر سم الدهون المتلتله اللي جوه الكارع، وكمان العسل السايل الخارج من جوف الكارع، أقصد النخاع اللي مينفعش يمر على طبق ولا ملعقة من فم الماسورة لفمك حضرتك مباشرةً ويجرى بسرعة على معدتك، وينزل يزغرط، آه، ما هو مش كل يوم بيجي

ليها ضيف عزيز زي النخاع، وبعدها لازم لازم ملعقة سلطة بصل وفلفل حراق، وطماطم مع شفطة من شرابها الجميل؛ لكي يكتمل فرح المعدة الطاهرة.

ونرجع للفته دي بقى يا سيدنا، بيتحضر لها تقلية زي بتاعة الملوخية تمامًا، لكن بعد ما لونها يسيب الصفار ويدخل على الوردي تطسه بشوية خل ملعقتين بس، وتكفي على الطاسة، الغطاء لسببين إتقاءً للسوعة، والتاني علشان التقلية تتخمر، ويرص العيش المحمص عادي، وتصب شوربة الكوارع فوقها برضه عادي، وترفع غطاء الطاسة وتنزل على العيش بنصف مقدار التقلية بالخل، وتنزل بقى يا حلو بالرز، وترسم وش الأنجر، أو الصينية، أو حتى السرفيس بباقي التقلية، وتضرب فيها المعلقة، وبرضة لازم يكون جنبها هبرة كوارع، يعقبها رشفة كبيرة من شوربة الكوارع، ثم ملعقة من السلطة الخالدة، وهنا بقى مش حتسمع زغروطة جاية من معدتك، لا يا سيدي، حتلاقي فرقة حسب الله كاملة بتعزف سيمفونية الفته للمعلم مرزوق الجزار، لكن هل يعقل أن تأكل الكوارع فقط كده بدون مشتملاتها؟ يعني هل يجوز للأكيل أن يضرب أنجر فته ومفيش طبق بدون كام صوباع ممبار كده ينعش الأكلة؟ عند جمهور الأكيلة مكروه، طيب الاثنين كيلو لحمة الراس المتشفيه ينفع تعدي من غير ما يضمهم رغيف بلدي حنين، ومعاهم رشة ملح مخلط، يرضيكم يا جماعة نسيب طبق النخاع بالخلطة التوم، ولا شقيق المخ المقلي بالبيض والبقسماط وريحته بتهفهف وتخلي مراوح القلب تسقف معاها، ده كلام؟ يبقى وليمة فتة الكوارع بالنسبة للأكيل تعادل، بل أحيانًا تفوق صينية البطاطس باللحمة الضاني مع حتتين كوستليته لوز كده، وطبق رز بالشعرية.

أنا قلت ما يرضي ضميري وإنتم أحرار.

لكن الناس الطيبين اللي معندهمش رفاهية الفتة نسيبهم، لا، طبعًا، أحبابنا أهل المولد علمونا إن الفول النابت بيتعمل منه فته، لكنها مختلفة شويتين؛ لأن العيش المحمص بيتم استبداله بالبتاو الصعيدى، ولأن البتاو فيه حلبه، فطعمها بيزين طعم الشوربه، ومش العكس، ويتصب فوقيهم الفول النابت، فتأخذ حضرته معلقة وتنقنق في النابت، وكده نبقى رضينا كل الأطراف، وسلام بقا؛ علشان جعت.

أنا وإنت وحديث النقنقه

النقنقه، أو البستأة دول تعبير بسيط من عدة حروف، تخبرنا أن هناك من هو شبعان، أو غير جائع، ولكنه من كثرة المحايله عليه، فيجلس متكاسلًا؛ ليجابر الزاد، ولكن إذا قام أخينا الشبعان بنسف الطعام بدون رحمة غير آبه لمن ياكل معه، فيكون رد الآخرين يناشدونه أن يترك النقنقه للبيت، ويأتي معهم ليأكل فقط، ولما لا؟ وقد قضى على المائدة في نقنقته، ينقنق نقنق، مش جعان أصلي لسه واكل، كلمات تدل على زهد القائل في الطعام، ولكنه في عالم الصحاب له دلائل مختلفه عما هو كائن في عوالم البشر الطبيعيين، وأذكر أنه ذات مرة كنت أجلس مع صديق لي في محله في سوق شهير في القاهرة، يحدثني عن مرضه وأن طبيبه قد أعطاه فاتح للشهيه بعد إصابته بالأنيميا، ويسمعه أحد العاملين، فيلتفت إليه إلتفافت المستنكر وينظر إليَّ محذرًا، إوعى تصدقه ده حوت، مش رفيع وملسوع كده، لكن دباغ درجة أولى وخصوصًا في أكلنا، بص طيب، الكلام ده كان لسه إمبارح، أنا والعيال زمايلي قررنا إن يكون غذائنا صحن من الجبن بالخضروات والطحينه، ويقول: قعدنا نظفنا الخضار، وقطعناه على الجبنة والمش والطحينه، وحطينا نص إزازة زيت وعشر أرغفه من الكبار المحمصين دول، وسقعنا بطيخة تيجى عشرة كيلو كده، وخلاص الأكل جاهز وبنلم بعضنا؛ علشان نتغدى وسايبين الأكل في مكتب البيه، ومغطينه على ما تخلص الزحمة، والشغل شغال والبيه قاعد قدام الصينية ينقنق.

والجالس على المكتب هو صاحب المحل وصديقي الذي كان يشكو لي من قلة شهيته للطعام وعزمه على زيارة الطبيب، مرة ثانية لمعالجة انسداد شهيته، فيلتفت إلينا أحدهم قائلًا: ومتنساش تقلبو سلطنية الجبن بالخضار والطحينة مع العشرة أرغفة محمصين، ويكشف الرجل الصينية؛ ليجد إختفاء نصف طعامهم كاملًا، يانهار إسوح، فين الأكل؟

ـ مخلاص يا سعد بقا، دقته وعجبني قعدت نقنقت فيه شويه، مش شغلانة يعني.

ـ نهارك إسوح، إنت مش من ساعتين فطرت ساندوتشات جبنه ولانشون وبيض!

ـ إللى حصل يا أخي، إنت بتعد عليَّ اللقمة؟!!

ـ اللقمة دي لما تاكل ربع رغيف ولا حتى نصه، إنما تاكل لواحدك ستة أرغفة، وثلاث أربع سلطنية الزاد، وتقول نقنقه، ويذكره آخر وقلب البطيخة كمان.

ولا يتركة العمال إلا بعد أن إشترى لهم ثلاثة كيل من الكباب والكفته؛ أدبًا إليه، وينظر إليَّ الرجل متأثرًا: إبقا قول للدكتور يكتبله علاج للنقنقه.

هذه قصة حقيقية، ولكن في أغلب المواقف تجد أن من يجلس للنقنقه هو من ينسف الطعام نسف، ومن النقنقة أنه عند شراءك الطعمية الساخنه، فغالبًا ما تلتهم كام حباية منها، في

الطريقة على حساب النقنقة، ومنها المكسرات والكريز من وش التورته، كما أننا لا نستطيع أن نحمل كيس اللب والسوداني وهما سخنين والرائحة العطرة تفوح في أنفك، فتفرغ من الأكياس بعضها على سبيل النقنقة.

أما موقفك عند رؤية عربة التين الشوكي الكبير والمشتري، ووقوفك في منتصف العربة، فتشير للبائع ويقشر لك وتبتلعها في قضمتين إثنين فقط، وفي النهاية لا يوقفك إلا ألم فى بطنك، ودعوة لدخول الحمام، وتسأل البائع عايز كام، وتتفاجئ أنك قد التهمت ما يقارب العشرين كوزًا من التين بس نقنقه.

أما بائع الترمس المسكين الذي يضع القلل فوق عربته في محاولة منه لوقف الإعتداء على جبل الترمس، ولكنك بدعوى العطش تسحب القلة بيدك اليمنى، وتكبش باليسرى مقدار قرطاسين من الترمس.

ولأن الشيء بالشيء يذكر، فما هو رأيك وأنتَ تقف أمام بائع الحلبسة، أكواب حمص الشام ترتشف مائها وتغرف بالملعقة حباته ولا سيما وقد طلبت الليمون زيادة مع الشطة، فترتشف الرشفة الساخنة الموحوحة وذرات الشطة تهاجم فمك ولسانك، فتحاول إيقافها بملعقتين من الحمص.

أو يا عزيزى عندما تسير بجوار سوبيا توتو، وتشم رائحة البليلة الساخنو المدعمة برشة مكسرات وسوداني مع السكر والزبيب وجوز الهند، والأبخرة تتصاعد أمام عينيك؛ لتحجب من أمامك كل الرؤى إلى ذلك الصحن المبارك، تتناول منه ملعقتك وتسمع بعدها كركرة أمعائك ترحيبًا بالقادم الدافئ خصوصًا في عز الرد بالليل وإنت راجع من سهرتك إللي اتعشيت فيها كمان.

ولن تجد أجود من عربة اليوسفي في شهر يناير ليلًا، وإنت تقف أمامه، ويداك منشغلتان بالتقشير، وفمك يلوك ما تقذفه بداخله، وصراخ المعدة إرموا البذر متبلعهوش، وعندما ينتهى البائع من الوزن تطلب منه حساب قيمة اليوسفي المنهوب، فيجده قد جاوز الكيلو نقنقه.

ولكن عظيم النقنقه عندما تقف أمام عربة كشري مماثلة لعربة سيد كشري في التمثيلية، تلتهم الطبق يتلو أخيه، لتجد أنك قد التهمت عشرة أطباق نقنقة على ما تروح البيت تتعشى.

أما عربة الكبدة فطالما أنت تشم الرائحة تجد أصابعك تلتهم الرغيف يتلو الرغيف، وفي النهاية تحلى بتلاثة حلاوة بالقشطة، أصل الراجل بيقدم الأطباق ستة في ستة وبعدها اثنين ساكلانس، ويرفض تقديم المزيد لك خوفًا من الحكومة عندما تستدعيه؛ لأن أهل المذكور إتهموك بمحاولة قتله، وكأن معدة الرجل تتحمل 12رغيف كبدة واتثين ساكلانس، وده بيقا الحد الأقصى.

لكن يا صاحبى لو كنت بتقف تستنى عربية الشغل أمام دار المعارف في ميدان السيدة زينب ييقا أكيد بتصطبح بطبقين كسكسي سخنين، ومعاهم واحد بليلة، ده لو كنت من المسعدين؛ لأن الراجل بيشطب قبل سبعة صباحًا.

ده مثال بسيط لنقنقة الشباب في الشارع، أما نقنقة البيت دي بقا اللى مصيبة، ليبيبه؟ لأن الأصناف خطر، كلها دسم، وأخطرها على الإطلاق نقنقة بواقي الغداء يوم عزومة، حضرتك تسيب العيلة الكريمة مجتمعين بيشكروا الأم على تلك المائدة الحافلة، وحضرتك بتبستأ في بواقي الأكل، فالعين الخبيرة تعرف أين مكان اللحوم؟ وغالبًا بتكون فوق سرفيس الرز الكبير، فتكشف الغطاء، وتبدأ فى البستأة، وبعدها ربنا يعوض على أصحاب البيت اللي كانوا فاكرين إن الباقي ممكن يكون غدا بكرة .

على فكرة كان عندي صاحب أنتيم كده، اتخانق مع واحد تاني صاحبنا ـ الله يرحمه ـ بقا علشان كانوا سهرانين بيذاكروا مع بعض وقرب الفجر صاحبنا التاني روح لقى والدته عاملاله فرخة كاملة؛ علشان يتعشى وأخونا أكلها، ألف هنا وشفاء، وتاني يوم راح يحكي عن العشاء الملوكي بتاع إمبارح، وهنا يثور ويهيج ويصيح ويتشنج، إزاي ما تندهش عليَّ؟ إحنا مش كنا ساهرنين مع بعض، وكادت أن تكون قطيعة حتى عملت أُمّ التاني فرختين ياكلوهم مع بعض، بجد حصل الكلام ده.

طيب أحكي لسيادتكم موقف آخر لأخينا الغضبان ده، كنا في أيام العيد، وجاي خاطب لأخت صاحبنا، الست عايزة تعمل سفرة مميزة فطبخت 6 بطات، ده غير اللحمة؛ ترحيبًا بعائلة الخاطب، وسيباهم في المطبخ بسلامة نيه على التحمير، وصاحبنا حس بالجوع، فتسلل إلى المطبخ لقى البط مستنى على التحمير، قال ياخد جناح، ثم التاني، ثم الكبد والقوانص، ثم أدوق بقا الورك بتاعي، وبس وقت الغداء أزف والناس قامت نحمر الزفر؛ علشان يشرف المائدة، والست دخلت المطبخ وهات يا صوات فيه؟ إيه؟ البط إتسرق، ويبحث الناس عن آثار للسارق ولا يجدون سوى بواقي العظم، ويبحث أحدهم عن الفتى، فيجدونه راقدًا على السرير يعاني من التخمة، ولا يستطيع التنفس، فيهرعون به على الاستقبال في المستشفى، ويقوم بعملية غسيل معده وتطهيرها بعدما التهم 6 بطات بحالهم، ويعود للبيت وينام الجميع بعد إرهاق يوم عصيب وتقلق الأم وتذهب لتفقد المريض، فتجده جالسًا في المطبخ يلتهم بقايا الطعام.

بجد الكلام ده؟ آه والله بجد.

طيب حد يعرف ياكل شوية فول حراتي من غير ما يخلصله رغيفين جبنه معاه على سبيل النقنقه؟

بلاش كده، إيه رأيك في البطاطس المحمرة؟

أيوه هي دي اللي لما بتجوع بتقوم تقشرلك كام حباية وتحمرهم وترش عليهم شوية ملح مخلط، وبعدها تلاقي إخواتك كلهم قاموا ياكلوا معاك منها، أو لما العيل يعيط ومش عايز ياكل، تقوم طاسة البطاطس المحمرة تقوم بالواجب، طيب لو مفيش في البيت غير طبق رز ولا مكرونة باقيين من الغداء مش بتحمر جنبهم طاستين بطاطس محمره، طيب لما بتكون جعان في الشغل مش برضه الشيبسي هو اللى بينجدك، ها صدقتنى.

كم هو جميل أن تجيد فن البستقة، لكن الأجمل أنك تبستأ في المهم، بواقى لحمة، أو فراخ، أو جمبري، أو صينية كابوريا مسلوقة ولا مشوية، المهم إنها كابوريا.

بعد إذنكم، أنا قايم اشوف حاجة تتاكل، أقصد تتنقنق، أو تتبستأ.